U0902319

职场冷暴力

如何在焦虑不安的人际关系中，活出乐观、自信的自己？

[法] 玛丽-弗朗斯·伊里戈扬◎著
（Marie-France Hirigoyen）
陈嘉宁◎译

新 星 出 版 社　NEW STAR PRESS

CONTENTS

目　录

前言

“暴力问题日益被公众熟知，许多人认为其本质上属于人文范畴，但事实并非如此。暴力的存在绝非必然，人类也绝对有能力将暴力之流消灭净尽。我的祖国和许多国家均不乏诸多典型事例，足以向世人证明暴力行为可得阻遏。各国政府、社会群体、每个个人都能改变事态发展的轨迹。”

——节选自纳尔逊·曼德拉在世界卫生组织所做的有关“全世界暴力及卫生问题”的报告序言

2002 年于日内瓦

自 20 世纪 90 年代起，职场冷暴力现象开始引发工薪阶层以及政策制定相关部门的专家们的强烈关注。这一现象在法国和比利时被叫做“精神暴力”，在加拿大魁北克被称为“精神骚扰”，而其他国家还使用了“欺侮”或“威胁”之类的用语。无论叫法为何，我们都能从中深切地感受到这一现象的真实存在及其引发的惨痛后果。在当今时代，职场冷暴力已成为所有工业化国家必须直面的一个重大问题。

针对该现象的早期研究可追溯至20世纪80年代[①]，主要在北欧国家进行，起初仅为量化研究，主要致力于寻找特定类型的职场行为与其对个人产生影响之间的关联。随后，为了对这一现象进行精准定义并明确其行为模式，研究范围逐渐扩大到全世界。该类研究进行到现在，已愈加深入细致，且研究对象不仅限于现象本身的形成过程，亦会涉及此类过错的源起，从而提出预防措施。这些研究无一例外均证实了冷暴力对于个人健康和企业效率都造成了严重的负面影响。

难题当头，一些国家纷纷制定了相关法律，有些国家却以立法依据不够充分为托辞举棋不定。时至今日，由冷

---

① 海因茨·莱曼：“职场群攻行为的表现及发展”，《欧洲工作与组织心理学杂志》，1996年，5月刊，第165-184页。

暴力引发的严重事件在许多国家都可得到依法制裁，并可判定为工伤。但这并不意味着单单进行处罚就足以遏制职场中精神伤害状况的发展。为遏止这一问题恶化，实施真正有效的预防措施已刻不容缓。

在法国，“冷暴力”这一概念诞生于 1998 年。它的源起要拜一场盛大的媒体胜利所赐，结果直接引发了一年半后一条法令的颁布。即使冷暴力并非一种新兴现象，这一科学概念在社会中的广泛传播也已改变了职场人士对于职场特定情形的看法，同时法律条文中的相关规定也一步步地强迫企业重新审视自身的管理方法。实际上，若冷暴力这一概念专门针对职场中某种特定的暴力现象，也就为职场中其他精神伤害和恶意行为打开了一扇门，让人们意识到不能继续对它们视若无睹。这些不同种类的负面问题都被统称为“心理社会风险”。但不要将其与冷暴力混淆，我们在下文中还会讲到，二者是含义不同的概念。不过，为了能够察觉并有效防范冷暴力的发生，同时避免虚假指控，透彻了解其内容，以及它与职场其他负面现象之间的区别是很有必要的。还有一点也同样重要，虽然法律专门针对如何惩罚冷暴力行为做了详细规定，然而无论是从学术还是法律角度来说，“心理社会风险”的概念却依然没有清晰的定义。此外，随着“冷暴力”一词时常被滥用，再加上“疲劳综合征”一词经常占据媒体头条，我们应该警惕，过多强调这些问题的特定行为模式，就为其他不那么显而易见的精神痛苦沦为熟视无睹的寻常行为找到了借口。

在接下来的章节中，我们还会了解到冷暴力是一个复杂的过程，其源起并非一个具体的缘由，而是心理学、社会学及管理学等多个领域的不同因素之间相互影响、共同作用的结果。若能在工作组织模式中发现其根源，那么随着现代社会的精神进步和人类意识的改变，其起源因素会进一步得到抑制。

第一章

精神暴力从何而来

最早对冷暴力这一问题产生兴趣的是德国社会心理学家海因茨·莱曼，他也是斯德哥尔摩大学的一名研究员。1993 年，他发表了一篇名为《群攻——职场霸凌》[1]的科普文章，对这一现象进行了介绍和描述。随后，“群攻”（mobbing）这一概念就在北欧其他国家传播开来，紧接着流行于德语国家中曾研究过职业压力的学术圈。而在其余的国家，当时除了少数专家外并无人知晓。但这些国家或地区却选择了其他词语来描述同一事实——“迫害”“骚扰”以及“精神暴力”等。鉴于各个国家的研究员们都会强调方式和手段的多样性，审视他们在选择术语时的措辞是一件很有意思的事情。

“群攻”源于英语中的 mob 一词，指受害者遭到一

① 海因茨·莱曼：《群攻——职场霸凌》，巴黎：瑟伊出版社，1996（法语译本）。

个或多个迫害者粗暴对待或欺辱责骂。生物学家、动物学家康拉德·洛伦兹曾经引用这个术语来描述体型偏小的动物为了赶走一个体型更大、更危险的动物而团结一致，聚集起来的现象。mob 作名词用时，指“人群、暴民”，能表现出是一个群体现象；但若首字母大写变成 Mob 时，则专指“犯罪团伙”，暗含使用非正当手段之意。

“霸凌”（bullying）一词源于英语单词 bully，意为“威胁、恐吓、虐待”。这个词之前一直用来描述一些孩子在学校遭到其他孩子的欺负和捉弄。后来含义逐渐扩展，也指在军队或体育运动中对新兵或新成员的戏弄和霸凌。

莱曼认为，与“霸凌”相比，他更倾向于使用“群攻”一词。根据他的说法，“霸凌”的意思包括两方面，不仅包括肢体上的暴力，还有言语上的恐吓；而“群攻”则可通过更为间接和细微的行为体现出来，例如被集体排斥和孤立。

至于“骚扰”（harassment）一词，早在 1976 年就被美国精神病学家卡罗尔·布德罗斯基在其著作《被骚扰的职场人》（*The Harassed Worker*）中使用了。

布德罗斯基在书中介绍了五类骚扰行为——性骚扰、指定替罪羊、起令人不悦的绰号、肢体暴力及工作压力。

虽然上述概念的具体内涵会随着时代的变迁而有所改变，但在盎格鲁-撒克逊世界里存在一个共识，且已经被国际工作场所霸凌与骚扰协会（International Association on Workplace Bullying and Harassment, IAWBH）认定，该组织曾经聚集该领域32个国家的研究员进行研究，最终确定在英语中采用“骚扰”或“霸凌”来描述潜在的恶意攻击，但“群攻”一词则有集体性的含义。

无论如何，尽管 “群攻”一词更常用于德语和意大利语中，“霸凌”一词则在英国、美国，现在也包括北欧地区更为常见，但诸如“骚扰”“群攻”“霸凌”等特定表达通常都被认为是可以互相替换的。法国的研究人员更倾向于使用“精神暴力”或“冷暴力”一词，以强调这类行为对受害者造成的精神伤害。随后，拉丁美洲和日本的研究人员和专家也都选择使用本国语言中对应的“精神暴力”一词作为专业术语。

在法国，最初提出要对这一现象进行研究的是我于

1998年9月出版的《日常冷暴力和恶意暴力》一书[①]。作为一名精神病医生，我早已察觉这一现象的存在。虽然未能拜读海因茨·莱曼的著作，但在过去几年的工作中，有越来越多的病患向我倾诉了在工作场所遭遇的此类暴力事件。他们经常抱怨来自同事或上级领导的冷暴力行为。那本书出版后迅速引发了巨大反响，得到各方协会的积极响应，均呼吁要创立相关的明确法令。这方面我在本书后面会详谈。

那本书的成功，毫无疑问地说明了大众对于“冷暴力”一词的认可和接受。该词表达出了一种立场和态度。其实对于我来说，在研究这种攻击行为时，是无法不从道德或精神角度进行考虑和分析的，因为冷暴力受害者受到的伤害主要体现在精神方面，他们在精神上遭受了不公平的虐待、蔑视或侮辱。还应该指出的一点是，该书的诞生恰逢当时新兴的工作组织形式在工作场所引发了新的精神痛苦，而这些新问题已经无法通过工会进行传统的定位和分类，因为工会更关注的是集体性的抗争行为。

① 玛丽－弗朗斯·伊里戈扬：《日常冷暴力和恶意暴力》，发现出版社，2002。

第二章

揭开日常工作和生活中的精神虐待真相

一、什么是冷暴力

当有人抱怨自己成为冷暴力的受害者时，是基于自身的感觉或感受进行判断的。它既不适用于科学的定义，也无法用当地适用的法律进行界定。因此确立一个能让所有人都接受的精准定义是必不可少的，还能起到事前察觉并有效防范的作用，同时还可防止虚假指控。但这一点并非那么容易实现的，因为世界上致力于研究这一主题的专家们在着手时的出发点和研究角度不尽相同。

布德罗斯基[①] 对冷暴力下的定义是："为了让一个

① 卡罗尔·布德罗斯基：《被骚扰的职场人》，美国马里兰州兰哈姆：列克星顿出版社，1976。

人感到痛苦、惊恐或沮丧而不断采取的不正当行为，甚至会对其进行挑衅、恐吓、威胁或刁难。”

海因茨·莱曼的叙述则是：“群攻是指在较长一段时期内，由一个或多个个人针对第三者所持续表达或表现出的敌意言语或行径。”[①]

1998 年，国际劳工组织对其进行了如下定义：“采取这一行动的个人为了贬低他人，会通过报复、残酷、恶意或侮辱性手段来攻击另外一个或几个劳动者。若几个人为了迫害某个同事，联合起来通过以下形式对其进行精神骚扰，则冷暴力即算发生——不断地对受害者进行负面评价或接连不断的批评，通过断绝其社会交往而使其遭到孤立，或对其进行诽谤中伤，或传播和其相关的错误信息。”[②]

而我的版本则选择保留了能体现出这些行径对于受害者造成的影响的内容：“任何属于虐待他人性质的现象都可定义为职场冷暴力（包括动作、言语、举动、态

---

① 海因茨·莱曼，见前引书。

② 国际劳工组织：《当工作变得危险》，1998 年，第 2 页，（线上资料）http://www.ilo.org/ wcmsp5/groups/public/@dgreports/@dcomm/documents/publication/ dwcms_080648.pdf.

度等）。该现象表现为不断重复或自成体系的特征，对某雇员的尊严或其生理或心理健康造成了侵犯或伤害，从而使其职位受到威胁或工作环境恶化。”

综上所述，可以看出最后这个定义考虑到了这些恶意行为的实施者可以是一个人，也可以是一个群体，同时还强调了对于受害者的健康和尊严造成的影响。不过这样的描述就引入了一个变量，因为同样的不良行为对于不同的受害者产生的影响也会不同。

法国为了批准相关法令，在法令条文中对冷暴力也进行了明确定义，即“一系列不断重复的恶意行为，以造成工作环境恶化，达到危害某职员的权利和尊严为目的，或产生同等影响，使其生理或心理健康受到损害，或危害其未来的职业生涯。”立法者并未明确这些行为的内容和方式，否则实施起来会极为受限，并将对这些行为进行评估和定性的至高无上的重要权力充分留给了法官。这样一来，判决结果很大程度上更依赖于暴力行为造成的后果和影响而不是其成因和性质[①]。

① C. 博纳方斯、L. 杰海尔、玛丽-弗朗斯 · 伊里戈扬、A. 克罗勒 · 贝克：《职场冷暴力定义的明确》，昂塞法尔出版社，2008 年，第 419-426 页。

可以看出，所有定义都包含以下三个共同要素：

1. 恶意行为必须是重复性的，而非偶然性的；

2. 这些行为中暗含一种互补关系：施害者要么会主动实施不平等行为，要么会巩固先前已经存在的不平等（在等级制度或从属关系中），以便更容易操纵和支配他人；

3. 这些行为不一定是蓄意而为，也可是无意之举。

除此以外，还有一些专家明确指出，这些恶意行为必须是受害者“厌恶或排斥的”，且必须对受害者产生了极其严重的影响。但我们可以看出，法国法律并不认为这些因素有那么重要。

下面我们来具体看一下职场冷暴力行为的各个构成要素。

二、冷暴力的真实面孔

1. 敌对的恶意行为

海因茨·莱曼为了开展科学研究，曾经列出过一个包含 45 种恶意行为的清单。这些行为可分为以下五类：

——为受害者的自我表达或自我表现制造障碍；

——孤立受害者；

——使受害者遭受同事的贬低和轻视；

——使受害者在其工作中信誉扫地；

——损害受害者的健康状况。

而我个人倾向于将这些受害人所排斥的恶意行为分为四种类型：

（1）孤立或拒绝交流——为将这种暴力行为落实到位，首先会疏远受害者，使其无法向同事求助以实现自我防卫。接下来的行动目的是将其进一步孤立，直至被从属的群体完全排斥。

——这种孤立有可能通过上下级之间的等级制度实现。在这种情况下，受害者经常被打入真实的或象征性的“冷宫”。其原有的工作职位被剥夺，会被分配到一个被孤立的部门，没有任何有趣的工作可做，也不会受邀参加会议或集会，同事也被禁止与其交谈。

——孤立同样可能是其同事的行为所致。他们孤立、排斥他，无视他的存在，拒绝和他共同就餐或不邀请他参加告别酒会之类的集体活动。

不管通过怎样的方式，也无论他人拒绝与其交流的起因为何，人们都不再和受害者交谈，不再关注他，也不会与他交流工作。受害者感觉自己似乎不再存在，好像变成了透明人，会产生强烈的想要消失的愿望，而且毫不夸张，是真正从人间“消失”。这种“沉默的阴谋”产生了排斥和遗弃，导致了受害者的社会性死亡，因为一个人只有被一个群体接受并产生归属感，才会感受到自我的存在。可见，冷暴力是一种会导致孤独的病症。

（2）破坏工作环境——在实施这类冷暴力的过程中，施害者绝不会批评某人工作做得不好，相反却会以工作为由，达到排挤某人或使其中圈套的目的。

当这种行为来源于同事时，可以表现为受害者已经完成的任务遭到暗地破坏，或虽然在继续进行却在召开会议时不提前通知。若这种行为产生于上下级关系中，可能会表现为以下类似情况：给受害者规定遥不可及或毫不现实的目标，不给其指派要完成的工作；在同事都忙得不可开交的情况下指派其完成毫无意义的工作，或命令其重做已经圆满完成的工作。有时候这种行为更加难以察觉，诸如不为受害者提供获取完成任务所需有效资源的途径，或是为了干扰其思路而发布信息模糊或自相矛盾的指令。这种行为若表现为不认可某员工完成工作的质量或默许工作中一些非正当的小动作，就很难进行证实。

这种对于工作环境的破坏同样可以表现为对电话沟通的系统控制，对抽屉、格柜或垃圾桶的检查，对工间休息、缺席时间的限制，对同事间交谈和人际关系的把控等。这种监管势必公然表现出对受害者的不信任。

一般来说，尤其是如果受害者平日就谨言慎行的话，他人若攻击了其职业道德，也就损害了其自我认同，从而使其丧失自信，最终连他自己都否定了自己。

（3）个人攻击——他们企图通过羞辱他人的态度、冒犯他人的言语、对他人进行诽谤污蔑或散播恶意谣言，以损害受害者的自我认同。他们会使受害者丧失信誉，使其背上居高自傲的名声，在同事或上级那里信誉扫地，甚至还会公然嘲笑他，对其说些表现出大男子主义、性别歧视或种族歧视的言语或对其进行辱骂。在这些暴力行为中，他们瞄准的目标并非专业人士，而是能使其丧失工作资格的个人。施暴者会有意或无意地辨别出目标人物的弱点和强处，随后针对其弱点进行攻击，实施伤害。在这类冷暴力行为中，施暴者攻击的对象不是受害者也会是其他人。他只不过是想找到一个可以利用的对象或仅仅是让他人不舒服而已。

这些攻击行为都会贬低被攻击者的尊严，给他们的心理健康带来严重影响。有不少受害者曾告诉我，这些伤害和侮辱都在他们的心灵中留下了难以磨灭的痕迹。多数情况下，这些攻击行为给他们带来的羞耻感和罪恶感会不断地纠缠、折磨着他们。

（4）威胁——这些是恐吓受害者的敌对或暴力表现，目的是使其屈服或离开，会表现为扬言报复或敲诈勒索，有时甚至会通过肢体冲突（挤撞推搡）或损坏财物（例如损坏其在衣帽寄存间的衣物）的形式实现。

就全世界范围而言，研究人员会广泛讨论冷暴力行为是否一定会涉及肢体暴力。在不同文化中，肢体暴力在冷暴力中出现的频率和程度似乎也有所不同。但大家都已达成共识，那就是首先还是考虑冷暴力在受害者的心理和精神层面产生的影响。

即便在大多数案例中，攻击行为的程度有所差别，也没有必要单纯为了诊断而进行总结和描述。这些程度不同的行为，都给工作场合造成了不良影响，并伤害了每一位员工有权利得到的尊重。

无论等级制度是否森严，冷暴力的手段和形式并无二致，但社会文化制度中的等级越高，暴力行为的表现方式就越复杂。而且这些行为越是微妙复杂，进行判定和制裁的难度就越大。例如，若冷暴力行为仅表现在对受害者无攻击、无关注、无交流和无沟通时，应当如何进行认定呢？

2. 发生频率及持续时间

冷暴力行为的定义是在某段时期内长期重复出现的一种或多种敌对的恶意行为。偶尔或偶然出现的恶意攻击，或是定期出现的发火恼怒绝对都构不成冷暴力。

不过也有例外，若某次恶意攻击致受害者受到极大的侮辱，也会被视为冷暴力行为。这种典型事例可表现为受害者突然发现自己在工作场所一夜之间遭到排斥，胸卡消磁，个人物品都被收拾到了一个纸箱中并被放在了走廊上。实际上，在这种情况下，若仔细分析不难发现在受害者被隔绝之前就已经存在针对他的恶意行为的种种迹象和端倪。此外，我们在后面专门讲解法律规定的章节中也会了解到，如果是遭到歧视或性骚扰，根据法国法律规定，单次行为就足以构成冷暴力。

如果所有相关著作的作者们达成共识，一致认为应考虑到冷暴力要在一段时间内有所重复这一条件，那么这段时间的长短又该如何界定呢？海因茨·莱曼认为，若要达到“群攻”的程度，恶意攻击行为应每周至少出现一次，且最短持续半年。其实，专家们认为冷暴力的形成过程应该更短，且要同时考虑行为的强度和严重程度才更全面。而所有人都认为，持续时间超过半年的暴力行为已达到极其严重的程度。

明确冷暴力的前后发生过程一直是项微妙复杂的工作。假如某种暴力形式是设了圈套的狡诈行为，是一个人或一群人针对另外一个人，以重复不断的言语及非言语形式，通过看似无关紧要的微小攻击表现出来，那么为这类恶意行为定性的难度就在于，若将每一个独立事件分别进行分析，结果可能会表现为无害。同样的难度还在于确定暴力行为开始发生的确切时间。例如，若冷暴力的形式表现为散播恶意谣言，那要如何确定谣言开始散播的时间和地点呢？

3. 从属性

冷暴力行为的一个基本特征是施害者与受害者之间会明显表现出势不均、力不敌的状态。客观来讲，一方掌握的资源会远远多于另一方。这种状态导致的结果就是冷暴力，而非寻常的工作冲突，因为若是后者，双方可以平等地就冲突本身进行具体讨论。而在冷暴力中，受害者可以感受到施害者占据明显优势，甚至可以说无所不能。受害者感觉自己在任凭施害者摆布，却毫无自卫能力和脱身方法。

若施害者是滥用上下级关系的上级，那在这种情况下，上文中所说的支配和摆布就能寻到源头。事实上，这种滥用很难与等级或从属关系赋予其的特权区分开来。但若上下级关系中存在不对等，那也应是合同中的明确规定，而不应该在工作过程中产生。但施害者的权力可能仅仅与受害者不具备的一些权限或技能有关（如无权限查看的案宗、缺乏的信息知识等）。不对等还可能来自于受害者的软肋，甚至是经济上的，被施害者有意或无意地加以利用，以突显自我。从属性同样可能是施害者施加的控制和支配带来的影响。这种精神上的影响在受害者不知不觉中对其实现了迷惑和控制，而且在初期，受害者对当时的状况是很赞成和认可的。

我的观点和海因茨·莱曼相反，我并不认为群攻总是由未得到妥善解决的职场冲突引起。若冷暴力现象确有发生，则恰恰正是每一次未成功处理的冲突。侵犯者拒绝进行任何沟通和解释，才使得境况陷入僵局，其针对的目标人物也不知所措。而前者默不作声的原因是其目的并非推进工作进程，而是将受害者淘汰出局。

我在后文中会就冲突这个话题作更深入的阐释。

4. 恶意动机

在判断伤害行为的恶意动机是否算是构成冷暴力的必要条件时，研究人员进行了大量的讨论。一些人认为若要讨论冷暴力，动机不良是很关键的一点。

众人给出的依据和理由也因各自所处立场的不同而存在差别。若从受害者角度来说，他们要服用药物，要看心理医生。毫无争议地说，他们所受创伤的蓄意伤害本质会加重其影响，而带来伤害的正是行为本身的不良动机。法国精神病学家弗朗索瓦·斯罗尼曾经和冷暴力受害者长期合作过。他认为，蓄意造成的精神创伤是使受害者的群体归属感发生转变的真正手段——它们在社会阶层衰落和社会调动的基础上，引发了尤与社会政治经验相关的精神病理学的诞生。对于受害者来说，“所承受痛苦的核心是不知所措的困惑和为了参透另一个人的意图而丧失自我的认知标准。”①

从施害者的角度来说，很重要的一点是要将恶意行为与愚蠢过失和意外事故区分开来。若侵犯行为发生后，实施者会进行道歉，基本不可能会被视为冷暴力。亚里士多德曾经说过：“若一个人总是对自己的所作所为视而不见，别人反而总能看得一清二楚。”② 因此他应该认识到自己使他人遭受的痛苦，感到懊悔，请求原谅并尽力弥补。这是他能为受害者所做的最基本的补偿，而受害者通常从未奢求过施害者的忏悔和道歉。

但个人意图有时难免被误解，因此在具体事例中，

① 弗朗索瓦·斯罗尼：《群体暴力的心理病理学》，巴黎：欧迪尔·杰克布出版社，2007 年。

② 亚里士多德：《尼各马可伦理学》。

还应考虑到实施者是否具有敌对意图以及行为的发生过程。在互动过程模棱两可的情况下，一方有可能会被误导而将另一方的意图解读为恶意。我们稍后还会继续讨论这种含糊不清的情况，在职场环境中发生的状况还是要回到具体的工作场合中讨论。

至于施害者一方，他们很少会完全意识到自己的侵犯行为的严重性。在我的另一本书《职场病》中，我曾经提出过“无意识意向”一词。冷暴力在很多情况下都是对他人毫不在乎的结果，对别人缺乏同理心或尊重，故而会与故意伤害联系在一起。但就算说出“我不是故意这么做的”或“这不是我的错”之类的话，就能减轻他们的错误吗？当被指控犯有冷暴力时，一部分管理人员会说自己并未利用上下级关系行事。同样，为了给自己的行为辩护，一个职员能以遵从上级指示作为挡箭牌吗？在施害者的言行中，究竟发挥了多少自我意识？我们会在第六章中讨论能导致一个人加害他人的所有无意识原因。我们是应该无视施害者对于另一方的意图和目的，仅仅看重行为的后果和影响，还是要好好考虑若在对于行为动机一清二楚的情况下依然采取行动，就会加重行为的严重性和错误性？

法国和世界上所有从立法中受益的国家一样，立法机构并未揪住危害行为的恶意动机不放，并未将其作为构成冷暴力行为的衡量标准，认为冷暴力是“达到了某种目的或产生了同等影响的不良行为……”通过此项立法，立法机构将矛头指向有意造成伤害的人，但也未排除那些无心或无意识伤害到他人的人，例如被数字或职业目标一时蒙蔽心智的人。

然而时至2008年，大多数法官开始普遍认为施害者的主观意图应是冷暴力行为的核心因素。但在2009年5月13日，法国最高法院公布一项判决，撤销了无论施害者的意图为何都可构成冷暴力行为的说法。2009年11月10日，最高法院通过审判另一起案件，确定了自身立场，并将该冷暴力行为判定为“非故意性的”。

根据普遍实施的刑法规定来看，刑事案件的判决原则一直是若无主观犯罪意图则不构成犯罪或不法行为。但若受害者处于他人在“有意识”的状态下制造出的危险状况之中则构成轻罪。此处的“有意识”犯错是实施者在履行了谨慎和安全行事的责任和义务的情况下，做出了具有明显违法行为的严重过错。立法机构由此确立这种“有意识”过错隶属于“非故意过错”的范畴。

在社会保险法律的规定中则不考虑是否有动机的问题。如果雇主一方“本应具备清楚雇员可能遭受的危险的意识，但并未采取必要的预防措施”，就已算是犯下了无法原谅的错误。这一定义取决于“对后果的安全性负有的责任”，因此对雇主一方会产生很大的影响。这样一来，负责向雇员支付赔偿金的社保机构就能转而向雇主一方收取这笔资金。

第三章

当办公室成了地狱

鉴定冷暴力行为的一个难点在于可能会将其与工作场合发生的其他精神伤害相混淆，尤其是如果后者也是有意造成的话，鉴定难度会更大。而其他精神伤害其实已经归为一类，被称为“心理社会风险”（简称 RPS）。这一术语的创造是为了全面考虑职场会发生的各类心理问题，而单单“压力”一词已经不足以概括所有。这一术语大约于 2005 年前后在法国得以广泛应用，源于数起职场自杀事件引发的社会反思，因此它的定义一直算不上精准。根据法国劳工部专家的说法，心理社会风险指的是“容易影响到雇员心智功能的工作条件、组织结构和人际关系因素会对雇员的心理、身体及社会功能的健康状况带来的风险”。既然是“风险”，就要对雇员暴露于职场危害中的可能性进行评估。同样，若“健康”

指的是未患疾病的状态，则“风险”对应的就是工作场所会引发疾病的可能性。

因此，冷暴力并不属于心理社会风险中的一种，后者囊括了职场中所有压力、冲突、外界或公司内部暴力以及其他更容易被界定为“工作烦恼”的现象。

然而，和“冷暴力”一词相反，“心理社会风险”这一概念既没有科学专业的定义，也未得到法律层面的界定，还不像前者那样享有同样的符号权力[①]，且有时二者的定义还会被相互混淆。

事实上，虽然人们长久以来一直在谈论工作压力，但只有从“冷暴力”问题的立法开始，职场带来的精神伤害才开始真正受到人们关注。对于职场人士和卫生业从业人员如此，对于管理层也同样如此。通过该项立法，法国《劳动法》首次提到了职场心理健康。具体来说，在各类职场危害中，至今仍然只有冷暴力会受到法律制裁，其他没有明确法律定义的职场问题鲜有得到认定。

① 符号权力，又称作“符号暴力”，源自法国著名社会学大师布尔迪厄的“符号暴力理论”。符号权力是通过言语构建已知事物的能力；是使人们视而可见和闻而可信的权力；是确定或者改变对于世界的视界，因而确定或改变了对于世界的行动乃至于世界自身的权力；是一种几乎是魔术的权力，借助于特殊动员手段，它可以使人获得那种只有通过强力（无论这种强力是身体的还是经济的）才可以获得的东西的等价物。

因此针对冷暴力的控诉显然为公司雇员们提供了一种手段和渠道，让他们可以在公司内部表达诉求或揭露给他们带来痛苦和伤害的工作状况。

因此，冷暴力和心理社会风险的界限不够清晰也在所难免。将归类于心理社会风险中的各种风险的内涵加以明确才是更实用的做法，以便更好地理解每一种问题的特点。

一、压力让你喘不过来气

压力是生物体为保持出类拔萃的状态而产生的适应性反应。从生物学角度来看，它是生物体在面对任何外界对其提出的要求时作出的反应。具体到工作而言，职场人士的压力源于工作上受到的束缚和限制。

在各类心理社会风险中，职场中的压力过大问题出现的频率愈加频繁，成为被研究最多的问题。针对欧洲工作状况的最新调查（2000 年）显示，有 28% 的欧洲职员表示承受着工作压力。若压力开始进入公众视线，成为众人关注和考虑的因素，那是因为它消耗着社会和人力成本，同时还有经济成本，且正逐年增多。国际劳工局估计，其经济成本占到各国国内生产总值的3%至4%之间。具体到欧洲而言，这意味着每年要在这方面消耗200亿欧元。

在法国国内，针对工作压力制定的跨行业协定于2008年6月2日签订，2009年4月23日推广执行。其中对于“压力”的定义如下：当某人感到被强制处于某一状态的束缚，或感觉自己掌握合适的资源来应对眼前的状况，若这两种感受之间出现失衡，则压力就会不期而至。

工作带来的压力程度可以通过“卡拉塞克工作压力调查问卷”进行评估。该问卷允许被调查者描述其心理需求和在工作中进行自我决策和获取社会支持的程度。西格里斯特基于此，来衡量职场人士获得肯定的付出和得到的奖励与在工作上的超额投入之间的失衡程度。

研究显示，在现代化管理的企业中，无论是工作量还是工作压力，它们给员工带来的痛苦都比不上缺乏认同、平衡工作和生活的难度以及工作不安全感。2009年，《职场中心理社会风险因素的评估及控制》调查报告（Gollac）① 对四类风险作了明确界定——工作负荷，与上下级、同事或客户的

① 《职场中心理社会风险因素的评估及控制》，针对职场中层出不穷的心理社会风险进行研究的专家团队的报告，2009年。

人际关系，道德原则的冲突以及组织和职位变动，但并未将它们会对员工身心健康造成的影响考虑在内。

X女士的故事：第一幕

X女士从某商务学校毕业后，就进入了一家大型企业的人力资源部工作。她是一位尽职尽责、工作起来一丝不苟的女性，已婚，是三个孩子的母亲。由于居住在比较偏远的市郊，她每天的通勤时间大概需要三个小时。

起初，她是公司管理委员会中的唯一一名女性，也是最年轻、学历最高的一位，但她很难做到让别人听取自己的意见。她并不总是同意团队的每一个决策和做法，例如他们决定要将信息技术外包，这样就要解雇没有社会保险的信息技术员。不过她最终还是都同意了，她别无选择——丈夫刚刚创业，尚未实现盈利，更何况她也不想丢掉饭碗。

后来公司宣布与另外一家公司合并，而她所

在的部门也经历了重组，工作强度随之增大。X女士开始感觉力不从心："为了能应对所有工作，我只能做得马马虎虎，草草了事！"

X女士有诸多身体不适，焦虑不安也是常态——她疲惫不堪，经常犯偏头痛，消化不良，背部疼痛，时常头晕，在家里也变得对孩子没有耐心，经常无缘无故地发火。于是她请家庭医生开了些帮助她"坚持下去"的药物。

考虑到未来的诸多不确定因素，X女士虽然从未接触过心理学，依然报名参加了一个职场心理学方面的培训课程。自此她才意识到，虽然她和同事们相比更受人瞩目，却不知道如何更好地实现自我保护。

后来，每当有人要求她除了日常工作外，协助公司规划和落实心理社会风险方面的预防措施并带来了真正的改变时，她都会十分欣喜，也不会抱怨额外增加了工作，因为她期望能做一些真正有意义的事情。

从上文引用的事例可以看出，冷暴力和工作压力是截然不同的两回事。X女士在工作中事务繁重，工作环境也并非总是称心如意。除了工作时间外，她还要花好几个小时通勤，晚上到了家还要照顾孩子。她精疲力尽、疲惫不堪，但并不会因此就称得上是冷暴力受害者，因为没有任何人想要故意为难她，也就是说X女士所承受的痛苦并非针对她个人。在这种情况下，人们顶多会说超负荷工作会影响人的身体健康。

然而，当工作压力变成一种常态，人们就会产生工作疲劳感，在英语中被称为burn-out或者BOS（Burn-Out Syndrome）（疲劳综合征），再严重点就会发展到日语中karôshi（过劳死）描述的状态，指由于超负荷工作而过度劳累所引发的死亡。

疲劳综合征是压力能发展到的最大限度和最严重阶段，会导致人身心俱疲，这是要求严苛的工作环境带来的长期影响。

首次提出这一综合征的是心理学家赫伯特·弗罗伊登贝格尔，是他在讲述职场人士健康时提到的，后来又被社会心理学家克里斯蒂娜·马勒斯在编写《工作倦怠量表》（MBI，Maslach Burnout Inventory）时做了进一步解释，从此才使得工作压力的具体量化和考量成为可能。

根据她的论述，疲劳综合征可以从三个维度进行衡量：

——疲劳程度，不仅指身体的疲劳，还包括精神的疲劳；

——伴有对工作失去兴趣的漠不关心甚至冷嘲热讽态度的自我感丧失现象，这样的人会时刻注意与同事保持距离，且不愿主动参与工作；

——工作效率低下，任何新分配的任务或项目似乎都无法完成。

这样一来，工作就变得毫无意义，让人再也没有动力和干劲。而且当事人为了坚持下去，还披上了玩世不恭和尖酸刻薄的保护外衣，从而形成与他人之间的病态人际关系，且很有可能会逐步演变为冷暴力的状况。前文在讲述容易滋生冷暴力的情境时就已提到过这一点。

二、职场内外的双重暴力

国际劳工局将职业暴力定义为“在工作环境中或工作期间，任何对他人进行攻击、恐吓、伤害或羞辱的不合情合理的行为、事故或表现。”法国国家职业探索与安全研究所（INRS）表示，所有欧洲国家都面临着工作暴力现象日趋增多的问题。

国际劳工局于2000年发表的一份调查报告估计，在欧盟范围内，有多达1500万名左右从事各类职业的劳动者自称在工作场合遭遇过工作暴力。他们将这些暴力行为分为五类：性骚扰（占暴力事件总数的33%）、言语攻击（29%）、冷暴力及欺负新人（14%）、肢体攻击（14%）

及威胁恐吓（10%）。

人们还对“源于公司外部的暴力行为”——由不从属于公司的外部人员——客户或用户实施，与包括冷暴力、性骚扰及粗鲁行为在内的“公司内部暴力”进行了区分。可以说，冷暴力已成为一种可引发巨大社会压力的暴力形式。

在我们这个时代，人们对于暴力的敏感度越来越高，并一致同意应对其进行惩戒，然而暴力行为并没有因此消失，而是变得更加敏感微妙。暴力的起源与产生通常要从三个角度考虑——它可能源于威慑力量的削弱、道德或法律准则的缺失、见习期间标准偏常的社会榜样发挥的作用，总之人们认为暴力行为是源于压力、挫败及受到不公正待遇的感受。从这些方面多个角度进行考虑，自然是再重要不过了。

三、在沉默中爆发

继莱曼之后，大部分针对冷暴力的研究都开始考虑它是否是冲突转化的结果。但我个人的观点是，恰恰是无法产生任何冲突的状况才会滋生冷暴力，因为这样一来双方就无法进行正常的交谈和对话，也就没有在工作场所进行争论或集体讨论的空间。冲突是个人和集体发展过程中的必然产物，是实现进步和变革的重要驱动力；冲突使人与人之间产生联系，迫使交谈的双方意识到应当考虑对方的立场。

冲突若能发生，就要有两股对立力量或相似状况发生了分歧，但二者在既定的体系中所起的作用又不相上下，也就是说存在发生冲突的土壤。这就意味着冲突双方实力均衡，但这并非是暴力事件中普遍存在的状况，尤其是冷暴力事件中更非如此。引发问题的人通常都不知名，力图表达不同意见的人也得不到他人的倾听。

许多企业对冲突都持有消极否定的态度，认为它与暴力行为类似，还会不遗余力地逃避，或者更确切地说，是遏止和抑制。他们会强迫有可能表达不和谐意见或持有异议的人保持沉默。况且这一做法已经潜移默化地影响了企业员工的思想，使得大家都会进行自我审查，只发表双方都会赞同的言论。然而，所有被压抑的愤懑、不满和紧张情绪都会以你无法觉察的方式隐藏潜伏在体内，终有一天会以任一种暴力形式爆发出来。

不难发现，现实中可归类于“心理社会风险”的状况数不胜数。它们有时交叉出现（冷暴力也是一种暴力行为），有时互相影响（工作压力可能会成为冷暴力形成的基础）或者毫无关系（工作压力本身不一定导致冷暴力的形成）。

第四章

挖掘隐藏在你身边的精神野兽

一、冷暴力是可以被检测的

如今，我们在研究职场心理社会风险方面已经取得了杰出成果，但专门针对冷暴力的研究与之相比却相差甚远。必须指出的一点是，如果存在经证实有效的科学检测标准，能让我们相对客观地了解到企业内部工作压力的真实情况，那么检测冷暴力的手段则一直相对罕见。

针对这类暴力问题的研究在起步时就遇到了难题，因为无法制定出众人都赞同的标准定义，也无法建立起统一的评估准则。在那些已经对此立法的国家，用以鉴定此类行为的标准显然会更为严格。例如在法国，诊断通常要在评估所受压力的过程中进行，或在进行临床诊疗时通过调查问卷的形式来检查是否属于动机不良的恶意行为，但若有人直接提出诉讼，就要进入司法审判阶段。

另外一个难点在于搜集信息的方式。在评判一些调研结果时尚须谨慎。实际上，如果询问职员们感觉自己是否受到了不公正待遇，他们的回答显然都会被高估。例如，杂志《反弹》（Rebondir）曾于2000年开展过一次调查，调查对象中有30%表示曾遭遇过冷暴力。

还有一种调查办法（已经证实更为可靠）是先向被调查者说明冷暴力的精确定义，然后询问他们是否觉得自己是冷暴力的受害者。还有一些研究会向被调查者提供列有各类恶意行为的清单，并询问他们是否遭遇过此类状况，如果答案是肯定的，则会进一步询问发生的频率。

针对第二种调查方式，采用的调查问卷长期以来都是基于莱曼设计的问卷（称为“莱曼心理恐惧量表”，简称LIPT），其上共列出45种恶意行为，且恶意行为的发生频率要达到每周至少一次并至少持续半年，才能称得上是冷暴力。实际上，在诊断恶意暴力行为的调查问卷中，应用最多的还是“负性行为问卷”（NAQ）。该问卷由挪威的斯塔尔·艾纳森于1997年编制完成，但真正应用于实践的是修订后的第二版，也就是NAQ-R，由22个问题组成，旨在客观具体地展现出冷暴力的表现。其兴趣点在于弄清这些行为的本质，此类行为的共同点是发生方式若具有规律性和重复性，则有可能构成冷暴力。

但也有人认为这些用于判断恶意行为的问卷仍有欠缺，并没有考虑到会引发这些行为的具体工作环境和职业背景，更不必说牵涉其中的当事人的性格特征，甚至受害者可能会具备的脆弱心理。一些研究人员从而补充了其他理论依据，例如比利时列日大学的团体及组织社会心理学系的丹尼尔·福尔和索菲·德尔沃就总结出了在诊断遭受职场人际关系困扰的病例时可以参考的指导原则。

他们建议将诊断过程分为以下几个阶段：

1. 评估病患所受困扰的痛苦程度；

2. 明确暴力行为的特征和细节：频率及持续时间、行为特征、种类、严重程度（由多个人进行评判）、是否存在歧视或不公平待遇、是否属于非生态环境所致（也就是说，职业行为并不能成为实施该行为的正当理由）；

3. 暴力行为发生的关系层面（不要忘记分析背景环境）：个人之间、集体行为或组织关系；

4. 关系类型（从属、对等或人际关系冲突）。

无论采用哪种调查问卷，被调查者所提供答案的客观性都会一直存疑，因为体现出了冷暴力特征的恶意行为掺杂了当事人受情感支配的主观认识，而后者同样存在于职场其他不属于冷暴力范畴的问题，如冲突之中。

不过在询问同一家企业的全体员工时，研究人员还是需要借助于内容详尽的调查问卷，还是需要进行纵向研究才能以更为精准的方式分析得出冷暴力的前因后果。尽管如此，这些调查问卷依然会牵涉一部分要详细说明其特性的人，以便不必考虑他们的工作领域也能准确诠释调查结果。

那么冷暴力的量化研究还能实现吗？在朴次茅斯大

学任教人力资源课程的夏洛特·雷纳提出，在解读这些调查问卷时，可以像科学家们利用收集来的资料去分析黑洞那样，虽然无法用肉眼直接看到，但可以看出它们的影响和副作用。

二、冷暴力的病毒式蔓延

1. 国际范围

莱曼根据其调查问卷的结果判断，约 3.5% 的瑞典职员曾遭受过职场暴力，约 15% 的自杀案件都与职场群攻有关。

根据国际劳工局于 2000 年发布的报告，通过对在欧盟境内工作并自称在工作场合曾遭遇暴力事件的 1500 万名劳动者的调查，冷暴力现象占事件总数的 14%。这些数据都与运用类似方法进行调查的结论相符。

欧洲改善工作和生活条件基金会于 2010 年发布的《第

五次欧洲工作条件调查报告》[①] 显示，有 4.1% 的欧洲劳动者抱怨曾在工作场合成为他人恐吓或实施冷暴力的对象，该比例在法国劳动者中为 9.5%，在比利时为 8.6%，匈牙利为 2.2%，阿尔巴尼亚为 1.5%，保加利亚为 0.6%。这些比例上的差异大致显示了这些国家对这一现象所具备的意识的高低。

在回答“在过去的一个月里，您有没有遭遇过带有威胁或羞辱意味的行为”这一问题时，有 5% 左右的人给予了肯定的回答（法国人有 7.1%）。

在回答“在过去的一个月里，您有没有在工作期间遭遇过他人的言语暴力”这一问题时，有 10.8% 的人的回答是肯定的（法国人中占比 14.5%）。

2. 魁北克地区

魁北克地区于 2011 年发布了相关的大篇幅调查报告——《魁北克工作条件、就业状况、员工健康及安全情

① 网上资料，见：www.eurofound.europa.eu/surveys/ewcs/2010/ healthandwellbeing_fr.htm.

况调查报告》[①]。该报告显示，有52.8万名魁北克就业人员在工作场合身处遭受冷暴力的危险之中，而记录在案的性骚扰和肢体暴力事件分别为9万和6.9万起。

在报告发布前的一年当中，有大约15%的被调查者曾在工作期间遭受冷暴力，3%左右遭遇过性骚扰，约2%的人曾是肢体暴力的受害者。同样在魁北克，由安吉洛·索尔斯在2002年针对加入工会的劳动者的调查显示，约1/5的人在过去的一年期间曾经历过冷暴力。在该次调查中，有11%的回复者表示正在经历冷暴力，18%的人表示在过去一年期间曾经遭遇过，6%的人亲眼见证过身边的同事遭受冷暴力[②]。

3. 挪威

斯塔尔·艾纳森和安德斯·斯高格斯塔德曾于1996年展开一次大规模调查，调查对象为7986名就业人员。

---

① M. 维齐纳、E. 克鲁杰、S. 斯道克、K. 力派尔、É. 福汀等：《魁北克工作条件、就业状况、员工健康及安全情况调查报告》，魁北克，罗伯特－索韦就业健康及安全研究所，国立公共卫生研究所魁北克分所，魁北克统计研究所，2011年。

② 安吉洛·索尔斯：《当工作变得不堪——职场精神暴力》，魁北克大学蒙特利尔分校管理学院组织与人力资源管理系，2002年。

经统计发现，在冷暴力受害者中，有8.4%的人所遭受的冷暴力在调查前的半年中一直持续。总体来说，冷暴力的持续时间平均达到一年半。

4. 英国

根据海尔格·赫尔和凯瑞·库珀于2000年进行的一项调查显示，在来自英国70家工作单位的就业人员中，有10.6%的人表示曾在过去半年里遭受过职场骚扰。当被调查时段往前延长到五年时，这一比例提高到了24.7%。

5. 比利时

该地区在2011年1月发布的调查报告显示，有14%的就业人员确定在过去一年期间曾在工作场合遭受过冷暴力的折磨。该数据自2005年以来并未发生变化。

6. 美国

由职场暴力学会和佐格比民调机构于 2007 年联合发布的调查报告显示，在美国的劳动者中，有 13% 的人正在遭受职场霸凌，有 24% 的人表示过去曾经经历过，12% 的人曾经目睹他人经历过。

7. 法国

A. “职业风险的医疗监控调查”（SUMER）曾分别于 1994 年、2003 年和 2010 年进行了多次调查。2009~2010 年的调查曾经动员了 2400 位职业病医生，调查询问了 4.8 万名来自私企、公立医院、部分国家公务机构和地方行政机构的工作人员，他们共代表国内约 2200 万名工作者。通过对比 2010 年和之前的调查发现，劳动者的工作压力增大，同时心理需求增多，但增多程度适中，而自我决策灵活性出现锐减。

根据这一调查，约有 300 万名就业人员曾在职场遭遇过恶意行为。

被调查者填写的调查问卷中共10项内容，主要分为三大类：损害名誉的行为、缺乏工作认可和蔑视歧视行为。大家一致同意它们可以概括“职场恶意行为”的内容。据此搜集的数据以及和问卷中其他主题（特别是工作组织架构）更为相关的数据之间的交叉性，使我们更容易分辨出与调查主题最为相关的劳动者和工作条件。

即便反映同事及上级在工作期间提供的社会帮助的各项指标大同小异（2010年有88%的员工认为“和他们共事的同事很友善”，有77%的人认为“上司会帮助他们把工作做好”），但在调查期间，声称在工作单位正在遭受恶意攻击或具有类似感受的员工比例仍有增长（2003年为16%，2010年升至22%）。明显体现出这一增长的是“蔑视歧视行为”（增长5%）、程度相对较轻的是“缺乏工作认可”（增长3%）和“损害名誉的行为”（增长1%）。

表1：自称曾经或正在遭受职场恶意行为的职员占比（以百分比计）

	过去	现在
经历至少一次损害名誉的行为	3.1	1.9
一人或数人经常对你做出如下行为：		
告诉别人你精神不正常	1.2	0.9
对你说出下流、侮辱或诋毁性的言语	2	1.3
坚持提出具有性暗示的要求	0.6	0.1
至少一次被拒绝认可工作	14	8.9
一人或数人经常对你做出如下行为：		
对你的工作提出不公正的批评	12.2	7.7
给你分配毫无价值或带有侮辱性质的工作	4.3	2.7
暗中破坏你的工作，阻碍你顺利完成	3.7	2.3
经历至少一次蔑视歧视行为	10.6	6.5
一人或数人经常对你做出如下行为：		
无视你的存在，仿佛你不在现场	7.8	7.1
对你说出冒犯歧视的话	10	6
制止你表达自己的意见和想法	5.7	4.5
大庭广众之下取笑你	3.9	2
至少一次敌对行为	24.8	17.3

B.“罗纳－阿尔卑斯大区及中部地区职场心理健康观察调查”(SAMOTRACE) 曾于 2006 至 2008 年期间组织了法国 3 个大区的 120 位职业病医生，针对约 6000 名员工

进行了调查。该次调查的目的并非直接评估职场冷暴力状况，而是分析职场心理健康状况并确立可以不受职业（指专业领域及工作范围）限制的通用评估指标，以鉴定心理健康问题。因此这是一项交叉研究，一方面调查职场人士的心理健康，另一方面考察职业风险，而研究对象都是同一个人群。调查通过使用“大众健康调查问卷”（GHQ-28），评测了职场人所受到的困扰和伤害，从而鉴别出了各种令人沮丧抑郁的状况、令人焦虑的烦恼、身体的不适症状和社会行为的困难。大众面临的心理社会风险因素也经由卡拉塞克和西格里斯特的调查问卷作了调查，这些内容都是对职场心理问题研究的补充[①]。

此项调查显示，被调查者中有37%的女士和24%的男士有职场困扰，但调查并未指出一定是冷暴力。

C. 其他调查则是通过就职场困扰咨询职员或在相关协会志愿填写调查问卷完成的。这类调查的优点在于可以对冷暴力受害者进行更加细致的分析，但局限性在于只能针对前来咨询的人进行（尤其是女性患病率高的

① 《健康与工作》，第65期，2009年1月刊。

地方）。

以下是从2003年至2006年，法国亚眠市的大学医科教学及医疗中心进行的有关职场困扰的咨询，内容共覆盖186个主题，来访者平均年龄为42岁，其中66%是女性，主要来自私营企业。

——在88%的病例中，困扰来自于与上级领导的关系；

——在84%的病例中，困扰持续时间已超过半年；

——在52%的病例中，出现的争执纠纷似乎都属于工作冲突的范畴；

——在25%的病例中，可推测是冷暴力行为；

——73%的咨询者曾经中止过工作；

——6.5%的人曾被以工作过失为由解雇。

应当注意的是，不能直接将该研究群体与职场暴力受害者这个整体进行比较，因为该群体的成员都是经由他人推荐过来，是主动向这一跨学科的咨询团队（由一位心理学家、一位职业病理学医生和一位法医组成）咨询的。推荐人可能是主治医师或职业病医生，他们肯定是认为这些案例的严重性和复杂程度已超出自己的能力范围。

有一项更早期的研究是2000至2002年期间，在嘎尔什医院进行的主题为“痛苦与工作”的咨询，但研究结果在2006年才公开[①]。研究对象均为职场冷暴力受害者，平均年龄为45.8岁，其中72.5%为女性，43%为管理层人士。他们的工龄平均为11.5年，其中48%的工作单位的员工总数超过了50人。在64.3%的案例中，冷暴力的持续时间截至调查时间已超过一年。在42%的案例中，暴力行为的起因都是针对某个个人。在34%的案例中，暴力行为都以绕开辞退程序为目的来实施。在20%的案例中，暴力行为都是由于管理方法不当而引发的后果。在前来咨询的患者中，有32%都曾服用过抗精神病药物，50%都曾因病情而中止工作，60%的人在来到嘎尔什医院咨询前就已跟随精神病科医生或心理医生接受心理治疗。其中有62%的人以需要治疗而无法胜任当前工作为由遭到辞退。有55%的人离开之前的公司后，在一年半的时间里处于失业状态。最终，参与此项研究的人中有一半左右都提起了法律诉讼。

① 国家科学研究学会（INRS）：《职业医师档案》，第105期，2006年第一季刊。

三、发生在职场的精神虐待

冷暴力可涉及上下级关系中的各个级别，但涉及级别越高，做法就越微妙，越不易被察觉，因此也就越难鉴别。

冷暴力可以是针对下属的“垂直下行暴力”，来自于上级，自上而下进行。与此相关的调查显示，此类行为更易源于中层领导，即那些滥用领导权力的小部门领导。当侵犯行为来自于上级，这一情形毫无疑问地会加重上下级间权力不对等的状况，对受害者造成的心理影响亦会更加严重。

冷暴力同样可以来自于同事，被称为“水平暴力”。在这种情况下，暴力的起因经常是对对手的羡慕或嫉妒，或是同事之间的竞争。若上级领导未及时干预，任凭水平暴力持续发酵，则会愈演愈烈，自动升级，与垂直暴力交叉形成“混合暴力”。

虽然下述情形更为少见，但若领导很难得到一个或多个下属的尊重，暴力行为同样也可以自下而上，这就形成了“垂直上行暴力”。这种形式的暴力并非微不足道，然而即便是在法国，至今也未出台相关的法律条例，因为受害一方非常反感就此进行讨论或寻求帮助。

早期进行的莱曼调查以及其他北欧地区研究都显示，水平暴力与垂直下行暴力相比，发生频率要更为频繁一些（44% 比 37%）。随后进行的研究则显示，源于上级的垂直下行暴力与水平暴力基本持平，甚至要更为多见一点。在一项针对挪威 8000 名职员的调查中，有 54% 的人表示曾经遭到上级的暴力对待①。

2001 年，海尔格·赫尔等人在英国进行了一项调查，调查对象是自称为冷暴力受害者的人，结果显示有 65.4% 的冷暴力源于上级，39.4% 源于同事，还有 9.7% 来自于下属②。

---

① 斯塔尔·艾纳森、安德斯·斯高格斯塔德：“职场的霸凌行为：公营及私营机构中的流行病学发现”，《欧洲工作与组织心理学杂志》，1996 年，第 5 期，第 185-201 页。

② 海尔格·赫尔等：“英国职场霸凌行为调查：组织地位的影响”，《欧洲工作与组织心理学杂志》，2001 年 10 月刊，第 443-465 页。

四、你会是下一个受害者吗

虽然冷暴力的受害者无法进行简单的概括性描述，但这并不是说他们就没有心理脆弱的特质或共有的性格特征。

1. 职业领域的共性

冷暴力可以出现在任何一个职业领域，但强迫个人大量投入的工作或分配目标不明确的任务更容易引发冷暴力，尤其是在服务业、医疗业和教育业中最为普遍，因为人际关系中的情感负荷和大量投入会让人变得脆弱。

除此以外，实际的任务也无法进行具体评测。例如，我们可以测算完成一次注射的时间，但无法判断安抚一位病人的情绪所需的时间。

所有调查对象都有公职机构的充分代表，可以发现那里的冷暴力平均持续时间更长。毫无疑问，这是公职人员所享有的相对庇护所带来的不良后果。国营领域里铁饭碗的惯例解释了缓慢的人员流动性和由此引发的越来越多的冲突。

在任何一个国家，冷暴力发生频率最高的职业领域都是健康卫生领域、教育行业和公职行政机构，尤其是地方行政机构。然而，最新的调查发现一些传统领域的问题也开始浮现出来，例如金融行业的银行、能源领域或公共服务机构。

“魁北克工作条件、就业状况、员工健康及安全情况调查”发现，冷暴力风险最大的行业按照递减的次序分别是健康医疗及社会服务业、政府服务或公共部门从属机构服务业、交通及仓储运输业、废品处理业和教育行业。它们的轻重排名在男性和女性群体中又有所不同。

就欧洲范围而言，根据帕斯卡尔·保利与达米安·莱莉于2001年进行的研究[①]发现，发生冷暴力风险最高的职业领域分别是：

——公共行政及国防：14%

——教育及健康医疗：12%

——饮食及住宿：12%

——交通及通信：12%

2003年的法国“职业风险的医疗监控调查”（SUMER）为我们提供了更为详尽的信息。在被调查者中，行政人员、非技术工人和服务业从业者遭遇恶意行为，尤其是侮辱诋毁性行为的频率更高。安保机构本身就更容易成为歧视侮辱行为的受害者。保洁、保安及家政行业的从业者是提到工作不被认可状况最为频繁的人。数据分析显示，不同社会类属之间的区别主要取决于员工就职的工作机构的特点。

企业的规模及所在行业也同样产生了影响。在员工

① 帕斯卡尔·保利、达米安·茉莉：“欧洲第三次工作条件调查”，欧洲改善工作和生活条件基金会，2000年，见：http://www.eurofound.europa.eu/pubdocs/2001/21/fr/1/ef0121fr.pdf.

数量少于 10 人的公司中，有 14% 的人提到曾遭遇过恶意行为，而企业总体的平均数值达到了 17.3%。除此以外，与从事消费品行业、汽车制造业和房地产业的职员相比，从事金融业、建筑业的职员遭遇此类状况更少。

工作单位本身也会增加恶意行为发生的风险。例如，工作时间按照公司规定没有灵活性的职工就没有自我选择的权利，或者工作时间经常比预料中更长，似乎更容易成为职场恶意行为的施害对象。同样的情况还会发生在领导监视员工的工作节奏并强加给职工的公司中。此外，那些惧怕犯错时会受到处分（停发工资、开除等）的员工也更容易遭遇恶意行为，例如缺乏顺利完成工作所需的同事支持、物质资源或资料信息，或在工作过程中遭到经常出现或突如其来的问题所干扰。我在后文中会再次讲述这一点。

2. 年龄的共性

在研究冷暴力行为与受害者年龄之间的关系的相关报告中，研究成果并非总是趋向同一结果。

维托利奥·迪·马蒂诺、海尔格·赫尔和凯瑞·库珀的研究[①]发现，年轻人遭遇冷暴力的情况要多于相对年长的人群。然而大部分研究表明，年龄介于45岁至55岁之间的人群是遭遇冷暴力最多的人群，且暴力行为持续的时间也最长。应该说，这个年龄段的人群即便遇到困境，他们除了保住自身职位以外，通常别无选择。他们知道如果选择离职，很难再找到另一份工作。至于年轻人，尤其是持有高等教育文凭的年轻人则可以另择良木而栖。除此以外，许多年轻人从事的工作都是不稳定的，不会那么容易被暂时的遭遇触怒。“魁北克工作条件、就业状况、员工健康及安全情况调查”则突出强调，该地区遭遇冷暴力最频繁的人群是最年轻的人群（小于24岁）和最年长的人群（大于55岁）。

但是对于不同年龄段的人来说，遭遇的冷暴力的性质也会有所区别。安吉洛·索尔斯的研究[②]透露，在制订个人计划方面，最年轻的人群更容易失去信任和认可，而人们更倾向于不认可最年长人群的工作，或是干脆将他们束之高阁，冷落一旁。这就表明了冷暴力的动态分布，

---

① 维托利奥·迪·马蒂诺、海尔格·赫尔和凯瑞·库珀：《职场暴力及骚扰行为预防》，布鲁塞尔：欧洲改善工作和生活条件基金会，2003年。

② 安吉洛·索尔斯：《精神暴力有年龄之别吗？》，魁北克大学蒙特利尔分校管理学院，组织和人力资源管理系。

会根据群体年龄的不同而变化。

其他研究也认定了各个年龄段共有的特性，但这些特性与先前的研究成果相矛盾。根据 2003 年的“职业风险的医疗监控调查”，年龄低于 30 岁的年轻人声称遭遇工作不受认可的现象要更多，而超过 50 岁的职工则表示更容易遭遇态度轻蔑的恶意行为。

不同年龄段人群遭遇的区别也反映了职场代际之间竞争的加剧。以法国为例，虽然政府想方设法实施鼓励措施，雇主依然倾向于雇用年轻人，因其雇佣成本更低，员工也更加顺从。他们无法接受年长员工工作时的拖沓、缺乏灵活性和新技术技能。这样一来，他们的厌烦和不快的情绪就可能会逐步演变为勃然大怒。其不正是冷暴力的一种表现吗！

3. 性别的共性

就世界范围来看，大部分调查都能引发我们关注到，女性与男性相比更容易成为冷暴力的受害者。一些男性，尤其是在拉美国家，的确会允许自己对女性做出一些不敢针对男性做出的举动和行为。从另一方面来说，在技术要求没那么高的职业或是冷暴力泛滥的社会行业中，女性的比例也更高。除此以外，许多女性不敢与令她们不快的行为划清界限，因为她们一直以来受到的教育是要性情温和、善解人意、宽容大度。当然，男性遇到的冷暴力也不容忽视，因为男性在遭遇此类情形时倾向于不马上揭露告发而是先隐瞒一段时间，他们对自称为受害者感到难以启齿[①]。

北欧国家最初的研究显示，在冷暴力受害者中，女性的比例稍微高于男性——1996 年，莱曼统计瑞典的女性和男性受害者所占比例分别是 55% 和 45%；同样是在 1996 年，艾纳森统计，挪威的女性占比是 55.6%，男性占 43.9%。

在美国，职场暴力学会表示，女性是冷暴力的主要受害者，而研究数据则显示施暴者中有 40% 是女性，而且在 70% 的案例中，她们的针对对象都是另一位女性。

“魁北克工作条件、就业状况、员工健康及安全情

① 针对这一主题，可特别观看法国电影导演菲利普 · 李 · 古伊（Philippe Le Guay）于 2001 年拍摄的电影《夜班》。

况调查”显示，冷暴力的施暴对象中女性数量更多——女性中有19%是受害者，男性是14%。2010年进行的第五次欧洲工作条件调查也确认了这一差异的存在，受到冷暴力牵涉的女职员的比例（9%）也要高于男职员（7%）。

根据法国“罗纳-阿尔卑斯大区及中部地区职场心理健康观察调查”，接受调查的女性中有16%表示曾经遭受过威胁或羞辱，在男性中这一对应比例是11.6%。不过，承受职场暴力痛苦的女性是其他人的2倍，而且精神痛苦对女性的影响也比男性更大（在调查对象中，女性中占比37%，男性中占24%）。

然而，一些学者[①]对于这一比例不等的情况提出了质疑，并将其归因于招聘意向的倾斜，认为女性在单位中多为下属，进行自我防卫和自我辩护的可能性更小。她们在工作场合会更为频繁地接触“风险”因素，就像行政部门、健康医疗业和教育行业一样。此外，他们还将这一区别归因于女性更愿意倾诉自己遭遇的痛苦，而男性在要承认是受害者时则会犹豫不决。当然，其中起作

① D. 察普夫、J. 埃斯卡廷、斯塔尔·艾纳森、海尔格·赫尔、马里特·瓦提亚：“职场霸凌行为分布及风险因素实证研究结果”，《职场霸凌和骚扰行为》，CRC出版有限公司，2011年。

用的还会有其他一些变量。马里特·瓦提亚于 1996 年在赫尔辛基进行的研究就并未显示出男性和女性之间的任何区别。

不过在全世界进行的各项研究从未分析过在针对冷暴力的控诉中，以明显表现出了性骚扰、极其可耻或很难证实的行为为控诉理由的案件所占的比例。更何况，女性若在面临性骚扰时断然拒绝，通常会遭到施害一方对其施加的报复，从而遭遇冷暴力。而受害者通常都只针对冷暴力这一行为单独进行控诉。2013 年 5 月 28 日，法国的一项判决就突显了这一事实——最高法院宣布，在以“冷暴力”为幌子的性侵犯案件中，各级法院有权恢复这些行为原本的性质和名称。

除此之外，毫无疑问，男性和女性对于冷暴力的认识也有所区别。根据 2003 年“职业风险的医疗监控调查”结果发现，虽然在声称至少遭遇过一种职场恶意行为的群体中，女性数量稍微多于男性，但她们更为频繁提及的是歧视轻蔑的行为，而男性则更多地提到工作不被认可。很有可能的一个原因是在男性的认知中，事业的地位更加重要，因此工作是否受到认可对于他们来说有更加重要的心理意义。一些研究显示，女性在面临解雇威胁和错误的工作过失指控时会表现出明显的身体症状，而男性对于他人对其工作的长期批评和孤立的反应则更为强烈。

丹尼斯·塞林[1] 补充说，女性倾向于将冷暴力归因于工作组织一方，而男性则更重视个人原因。

① 丹尼斯·塞林："性别在职场霸凌行为的分布、形式和认识中的意义"，《北欧组织研究》，2003 年，第 5 期，第 30-50 页。

第五章

你为什么这样对我

在与冷暴力相关的所有著述中，作者们都一致认为，冷暴力对于受害者和工作组织的良好运转都会产生严重的负面影响。

一、我知道你很痛

冷暴力会引发或加重各种心理疾病或身心紊乱症状。然而，鉴于这一行为是一个变化发展的动态过程，症状的严重程度也会随着不同阶段发生变化——暴力行为越发展，频率和强度越大，对受害者的健康造成的影响就会越严重。因此，在帮助这些备受煎熬的受害者时，采取的行动越早越好，不要等到一切变得显而易见、完全暴露时才出手相助。受害者健康状况所受影响同样还和能获取的支持有关，且其人格特征要么可以起到保护作用，要么会使状况进一步恶化。

1. 压力反应

从最早期的研究开始，海因茨·莱曼就已指出职场群攻行为对于受害人身心健康的严重影响，但他并没有将其与巨大工作压力的影响明确区分开来。对群攻是压力的来源还是压力引发的后果这个问题，他进行了思考[①]，随后开展的大部分研究则继续分析了心理社会风险和冷暴力对健康的影响，但也并未进行区分。虽然早期出现的恶意攻击使受害者表现出的症状与承受巨大工作压力时没有太大区别，但这种情况并未一直持续下去。

比利时曾进行了一项有趣的研究，将冷暴力造成的

---

① 海因茨·莱曼："职场群攻行为的表现及发展"，《欧洲工作与组织心理学杂志》，1996 年，5 月刊。

心理和社会影响与工作压力的影响进行了对比[1]。结果显示，从冷暴力受害者身上可以看出，与承受着巨大工作压力的人相比，他们所承受的精神伤害（通过“大众健康调查问卷”〈GHQ-28〉进行了评测）要明显得多。他们更容易频繁地陷入抑郁之中，且抑郁程度也更为严重（通过“贝克绝望量表”〈BHS〉进行了评测）。但在感受到的压力和疲劳程度方面（分别通过“压力知觉量表”和“工作倦怠量表”进行了评测），他们与“疲劳综合征”患者并没有显著区别。

冷暴力症状独有的特征同样可以使在冷暴力领域具有丰富临床经验的医生在诊断时，通常都会从受害者健康所受影响入手，并将其与虐待控诉之类的其他心理社会风险造成的后果加以区分。

当恶意行为变得不再分步骤、成体系，当攻击行为越来越微妙难辨，就不再是严格定义下的冷暴力，而是到了应该进行人为干预的时候。在这一阶段，倘若受害者试图与施暴者进行沟通交流，或向所处级别体制进行

① Y. 范德赖特、P. 科滕、P. 杜尔、L. 弗罗姆、C. 科恩赖克、P. 维班克：《工作压力和冷暴力：适应机制和心理社会影响的对比研究》，布鲁塞尔：布鲁格曼大学医院中心，2006 年。

反映，还有可能逆转事态发展，但他越是频繁怀疑，就越弄不清楚发生的事实，就越不会进行抵制。

在这一阶段，冷暴力受害者的症状依然和巨大工作压力的影响近似。

适应期的普遍症状

无论压力因子为何，应激反应都会遵循同样的路线发生——惊恐、适应和力竭。在面对带来压力的状况时，人体下丘脑所受刺激会激活“下丘脑－交感神经－肾上腺髓质”和“下丘脑－垂体－肾上腺轴”①，并释放儿茶酚胺②和糖皮质激素③。这是惊恐阶段的典型反应，而且本阶段的作用是激活所有机能来加强维持生命器官的氧合作用。糖皮质激素分泌出后，会

① 下丘脑－垂体－肾上腺轴也称为“边缘系统－下丘脑－垂体－肾上腺轴（LHPA 轴）”，是一个直接作用和反馈互动的复杂集合，包括下丘脑、脑垂体以及肾上腺。这三者之间的互动构成了 HPA 轴。HPA 轴是神经内分泌系统的重要部分，参与控制应激反应，并调节许多身体活动，如消化、免疫系统、心情和情绪、性行为以及能量贮存和消耗。

② 儿茶酚胺是一种含有儿茶酚和胺基的神经类物质。通常，儿茶酚胺是指去甲肾上腺素（NA）、肾上腺素 (Adr) 和多巴胺（DA）。

③ 糖皮质激素是由肾上腺皮质最中层束状带分泌的一种代谢调节激素，具有调节糖、脂肪和蛋白质的生物合成和代谢的作用，还具有抗炎作用。

在血液循环中释放激活目标器官所必需的葡萄糖，这就是适应阶段。幸亏人体有自身调节系统，糖皮质激素会停止分泌。如果在此期间导致压力的状况并未缓解，糖皮质激素就会分泌过多，人体就有可能产生免疫和脱敏反应，表现为反馈机能不全，这样糖皮质激素的血液循环浓度就无法检测出来。而它们分泌过多会使机体运转过于亢奋，使人体各种生命机能被过度激发。分泌过量的儿茶酚胺和糖皮质激素就表现为各种压力症状。

从身体状况来看，可以表现为肌肉紧张、消化紊乱、腰疼、头部不适、失去活力或感觉抑郁、容易出汗等。从心理层面来说，这些都是烦躁、易怒、焦虑、失眠、容易流泪的反应。随后身体会感到疲惫，表现出轻微的认知障碍（注意力难以集中、记忆力衰退等），很难主动采取任何行动。最终，随着服用药物剂量的增加，并越来越多地借用酒精和香烟麻醉自己，这些行为的影响都会显现出来。

在经历精神暴力的过程中，有人会逐渐针对一些较为客观的状况稍微提及一些微妙行径。这也是阻碍了受害者开口的障碍所在——既然昨天还对此只字未提，为何今天就选择反抗呢？当施暴者和受害者之间的失衡状况日渐明显，受害者连自卫的手段也不再具备。他（们）无论做什么，他（们）的施害者（们）都会抱以同样的态度。受害者的恐惧引发了自身的反常行为，而这些行为就成为施暴者为自己之前的侵犯行为开脱的借口。例如，当别人对受害者提问，受害者就会紧张不安，或在面临一个看起来很简单的任务时也动弹不得。

2. 身心紊乱

在面对这种侵犯时，受害者最容易实施的策略是躲避和拒绝，而该策略最为直接的影响就是身心遭受巨大困扰。夏洛特·雷纳曾经明确表示，只有一半的受害者能够感受到它们的存在[①]。他们不愿面对侵犯这一事实，

① 夏洛特·雷纳："从调查到落实：找到可预防的手段"，《国际人力资源杂志》第20期，28-38页，1999年。

于是压抑了自己的感受，内分泌和新陈代谢系统也随之失调，从而引发了器官性病变。在这个过程中，只有他们的健康所受影响变得显而易见，或者有人诊断出了疾病的具体名称时，他们才会意识到问题的严重性。

受害者通常都会拒绝病休，害怕提此建议的人是出于报复性目的，并抱有徒劳的期望，希望拒绝这一建议后，所处状况就能好转。然而，这种病态的坚持出勤只能加重病症，而短暂休息却能让他们恢复精力；暂时脱离工作环境，可以更客观地看待自己的处境，从而更好地保护自己。

身心的紊乱状况多种多样，且经常出人意料，例如：体重增减、消化不良、心脏不适、皮肤病等，内分泌障碍也很常见。曾经有一些调查专门对受害者患上心血管疾病、动脉高血压、新陈代谢疾病的所增大的风险进行量化，然而结果显示，在遭受冷暴力频率达到最高时，风险却呈现出了多样性。

在这些病症的表现初期，患者都通过自行服药来治疗，随后会由家庭医生开出对症的处方并最终开出病休的假条。但单靠医生依然不足以认清这些病症的实质，因为如果患者不愿讲出病症的真实起因，医生便很有可能意识不到，自然就想不起询问他们在工作单位的情况。

曾有调查显示，职场冷暴力现象将职员病休的可能性从 25% 提升至 90%[①]。

Y 女士的经历

Y 女士是一家大型银行的律师，已工作 6 年了。根据她本人的叙述，她是一位工作认真负责的女性，在竞争残酷激烈的职业环境中，以业务出色谋得了职业发展。在其从事的银行业中，由于每个人都面临裁员风险，所有职员都承受着巨大的工作压力，Y 女士也不例外。她工作效率高，时常加班，只给自己留出很少的时间吃饭睡觉，她的付出从上级那里得到了积极的回馈。

2010 年，随着公司与另一家银行合并，有位新领导上任。他一来就完全否定了公司之前的工作方法，尤其是Y 女士的工作。他一直对

① M. 基维马奇、M. 埃洛瓦伊尼奥、J. 瓦赫特拉：“医务人员的职场霸凌和伤病缺勤情况调查”，《职业与环境医学杂志》，2000 年，第 57 期。

她态度粗暴，不允许她表达自己的想法，无论她做什么都只是批评,还给她分配额外的工作。

在随后的两年时间里，她强迫自己配合他的工作，并不断鞭策自己全力以赴，最终得到该领导的重新认可。然而，一旦他把与她完全无关的工作错误地分配给她，而她向人力资源部主任反映这一点时，后者却认为这样的事情时常发生，很正常。公司的医生则前后三次建议她寻求心理帮助。

某天，在一次议程进行得极为艰难的会议上,该领导咄咄逼人,会后Y女士就感觉不舒服,面部出现大块红斑。她起初并未在意，以为只是一种过敏症状，毕竟工作场合总会有一些粉尘，于是趁午饭时间约见了皮肤科医生，医生诊断为由压力所致的严重湿疹。下午回到公司后，Y女士再次因为受到指责而晕倒，公司医生建议她暂时病休。休息几天后，Y女士的脸恢复了原状，但再次面对领导时，她的脸上重新出现了湿疹，且比以前更严重，双眼都肿了起来。公司医生认为其当前的状况已无法胜任工作。

此时Y女士已濒临崩溃。她终于开始承认自己自始至终都拒绝接受的事实——她一直隐忍的状况并不正常,自己实际上遭受了冷暴力,却一直不敢对抗那个现在被她称为“施害者”的人。事实证明,此时,她也不再具有自我防卫能力,因为从她的律师要求她收集相关资料开始,她的面部再次出现了红斑。

直到数月后,Y女士的情绪才平复了一些,回顾并审视过去发生的一切,她才意识到实际情况要比她意识到的严重得多。为了“坚持住”,她一直选择性地从记忆中抹去点滴琐碎的轻微攻击、侮辱和否定,强迫自己习以为常,目的是守住自己的职位。

3. 心理影响

长时间不断接收侮辱或贬低性的指令会令受害者丧

失部分知觉，不知不觉便陷入恍然若失、愕然昏厥的状态，丧失真实感受，有时还会发展至分裂状态。

普遍来说，冷暴力引发的紊乱并不仅仅是由攻击行为本身产生，而主要是从束手无策、无能为力的状态衍生出来的。受害者被迫处于这种状态中，也正是这种状态让他们无法做出反抗。他们会试图为施害者的迫害行为寻求合理解释，产生负罪感，从而怀疑自己的能力。

他们会持续不断地表现出忧虑、植物神经系统功能紊乱，再加上失眠、易怒、高度警觉、烦躁不安及对惊吓反应过度。魁北克地区的一项研究表明，冷暴力受害者中有35%表现出了较严重的心理困扰，尤其表现为焦虑和抑郁[①]。

在这些表现的基础上，逐渐又发展出抑郁症状，加上起初的无能为力和注意力集中困难，随后产生悲伤、绝望的情绪及丧失自我价值的感受甚至萌生自杀的念头。通常受害者都会向亲友甚至医生隐瞒这些症状，因为他们会因没有满足上级期望而心存内疚。而正是那些等同于冷暴力的态度和举动，而不是抑郁状态的影响，引发

① R. 拉布尔多内等："职场心理社会障碍"，《魁北克社会描绘——数据与分析》，魁北克统计研究所，2001年。

了他们的自我贬低、自我怀疑和内心负罪感。

4. 创伤后应激障碍

和职场中其他类型的困扰和痛苦不同，就冷暴力而言，逃离职场环境不一定就能让所有困扰消失，经常会以“创伤后应激障碍”的形式继续尾随受害者。

莱曼早先就已发现，有不少受害者貌似表现出了类似于“创伤后应激障碍”的临床症状。他甚至声称，它们比轧死过人的火车司机表现出的症状还要严重。

“创伤后应激障碍”状态的表现可以概括为三个方面：

——强行介入：当事人一直忍不住回顾造成创伤的场景，从而产生强烈的心理抑郁情绪。白天时，大脑中会强行浮现出令人痛苦的回忆画面；到了晚上，曾经发生的侵犯又会以梦魇的形式强行侵入大脑。

——躲避：当事人会想方设法地躲避任何会使其回忆起创伤经历的场景。若有人遭受过冷暴力并持续在单位工作，即便不用直接面对施害者，至少也要直面冷暴力发生的场合，这自然很痛苦。有相当一部分遭受过冷暴力的人都无法返回之前的工作单位。他们更倾向于辞职，即便这个决定会严重影响自身的财务状况。这也就解释了为什么冷暴力经常导致受害者的离开，要么是以丧失工作能力为由长期病休，要么是提前退休，或者是双方协商一致的解雇或辞职。此外，虽然远离工作场合，他们依然不想听到公司的名称，否则就会焦虑不安。哪怕只是在街上看到和施害者很像的人，也会像一个信号一样，触发自身的恐慌。这样冷暴力就使受害者患上一种恐惧症，可能会导致其在职场受到排斥和孤立。

逃避同样可能是感情和精神层面的。冷暴力的受害者，无论是否继续工作，都会生活在难以忍受的等待之中，等待自己的症状再度被激活。他们还会逃避所有情感冲动，以避免自己想到带来创伤的情景，缩小自己的思考范围，压抑自己的情感，疏远周遭的一切，从而最终丧失所有活力的源泉。

——过度反应：患有创伤后应激障碍的患者会表现出高度警觉、注意力难以集中、记忆力衰退、失眠、易怒、对惊吓反应过度等症状。

创伤后应激障碍的另一特点是持续时间长。在患者身上，症状会长时间持续，且很难治愈。他们对于攻击行为的记忆不会消失，会以恐怖画面的形式强行出现，且不会通过语言表达出来。此外，通过医疗成像技术也可以呈现。在使用正电子发射型计算机断层扫描术对有心理创伤症状的患者扫描后，从图像上可以看出，流向大脑右半球的血液增多，而且是流向了大脑的边缘系统及邻近区域，用进化论术语也称为“古皮质”区域，还可以看到大脑左侧皮层，也就是语言区域的血液流动减缓。

若冷暴力受害者的症状显而易见，有些精神病学家则对这种情况下如何诊断是否表现出了创伤后应激障碍提出了质疑。他们的根据是，创伤后应激障碍的诊断依据——《精神疾病的诊断和统计手册》（具体见下页文字）中的第一条标准并不适用于冷暴力状况。该标准的适用前提是应源于异乎寻常的创伤性事件，且该事件的特征主要表现为其持续时间和重复频率，并对个人的身体或心理健康造成了威胁。

《精神疾病的诊断和统计手册》（DSM-IV-TR[①]）中定义的创伤后应激障碍（PTSD）的诊断标准

A. 患者曾经历某一创伤性事件，存在以下两种：

a. 患者本人曾经历、目睹或面临一次或多次涉及个人可能会丧生或遭受重伤，或涉及自身或他人的人身安全遭到威胁的事件；

b. 患者有强烈的害怕、失助或恐惧反应。

B. 以下列 1 种（或多种）方式持续地重新体验到该创伤事件：

a. 反复强迫性地痛苦地回忆起这些事件，包括印象、思想或知觉；

① DSM 的全拼为 Diagnostic and Statistical Manual of Mental Disorders，DSM-IV-TR 即《精神疾病的诊断和统计手册》，2000 年发行的修订版被临床工作者和研究者们称之为 DSM-IV-TR。是在美国最广为接受的分类模式，由美国精神病学会制定的。它分类、定义和描述了 200 余种心理障碍。为了减少因为不同的方法处理心理障碍而导致的诊断困难，DSM-IV-TR 强调症状模式及病理的描述，而不太强调病因理论和治疗策略。纯粹的描述性术语使得临床工作者和研究者可以有共同语言来描述问题，同时留下空间给不一致的意见以及最好地解释问题的理论模型的研究得以进一步地进行。

b. 反复而痛苦地梦及此事件；

c. 似乎创伤事件正在重现的动作或感受（包括回忆起事件的感受、产生幻觉或错觉或脑子里像过电影一样倒叙闪现断断续续的镜头）；

d. 暴露于作为此创伤事件的象征或类似的内心或外界迹象之时，产生强烈的悲痛心理感受；

e. 暴露于作为此创伤事件的象征或类似的内心或外界迹象之时，出现生理反应。

C. 对此创伤伴有的刺激作持久的回避，对一般事物的反应显得麻木（在创伤前不存在这种情况），如下列之 3 项以上：

a. 努力避免有关此创伤的思想、感受或谈话；

b. 努力避免会促使回忆起此创伤的活动、地点或人物；

c. 无法回忆此创伤的重要方面；

d. 明显地很少参加或没有兴趣参加有意义的活动；

e. 有脱离他人或觉得他人很陌生的感受；

f. 约束自身情感；

g. 感觉未来无望。

D. 警觉性增高的症状（在创伤前不存在），表现为下列 2 项或以上：

a. 入睡困难或睡眠不深；

b. 容易发怒；

c. 难以集中注意力；

d. 警惕性过高；

e. 惊吓反应过激。

E. 病期（B、C 及 D 的症状）超过 1 个月；

F. 此障碍引发临床上明显的痛苦和烦恼，或在社交、职业及其他重要方面的功能失常。

来源：美国精神病学会，《精神疾病的诊断和统计手册》，巴黎，马松出版社，1996 年版（法语版本）。

因此，研究学者会对其冠以其他称呼——“复杂型创伤后应激障碍”“未特定型严重应激障碍”“长期胁迫应激障碍”等。实际上适用于美国精神病学会标准并得到承认的说法是“创伤后障碍”。在法国，若创伤性事件在诸如冷暴力或家庭暴力中长期反复出现，则使用“II型创伤后应激障碍”一词。诺琳·德黑兰尼[1] 则建议列出四种类型的创伤性事件：

——简单直接型：创伤与一次特别的事件有关；

——人际关系型：创伤牵涉到他人的有意行为；

——成长发育型：创伤发生在童年时期；

——复杂混合型：以上几种的混合或一系列创伤事件综合起作用。

自第五版《精神疾病的诊断和统计手册》于 2013 年在美国出版后，尚未进行翻译，与第四版相比变动很

① 诺琳·德黑兰尼：“群攻及创伤后应激”，《职场群攻现象》，伦敦：劳特利奇出版社，2012 年。

少。第四版注重“创伤后应激障碍”的定义，不过第五版考虑将职场群攻列入有可能导致创伤后应激障碍的因素中：“若出现权力失衡，导致受害者经常遭遇社会排斥或他人拒绝。遭遇排斥或拒绝的具体表现是，成为暴力、嘲笑、威胁、语言侵犯或侮辱的受害者，遭到同事间集体活动或所处社会环境中其他人的有意排斥。”[①]

对于诊断标准的思考并非无关紧要，因为在一些国家，若要将某些个人绳之以法，就必须充分证明暴力行为的后续影响的重要性。此外，一些法官并不信任精神病医生得出的评估结果。这一点可参考第四版和第五版《精神疾病的诊断和统计手册》或世界卫生组织公开发行的《疾病和有关健康问题的国际统计分类》第十次修订本（ICD-10），其中创伤后压力的分类编号为F43.1。

5. 冷暴力的特性

广泛来说，心理社会风险因素对于公司职员的健康状况都会产生严重影响，但和冷暴力相关的障碍和紊乱

① 注：非官方出版内容，由笔者自行翻译。

症状会表现出一个显著特性。

和其他职场困扰相比，各种形式的冷暴力对受害人产生的影响的特征就是疑惑、羞耻和耻辱在其心理上占据了主导地位。在受害者努力自省、试图表达想法和自我辩解、自我怀疑并产生内疚心理和负罪感后，很长时期内都会有这种表现。他们会继续怀疑自己的认知和观念：到底什么是对的，什么是错的？他们的痛苦主要集中在自尊心受到了伤害。那么应该如何谈论自己的经历呢？

S 女士的经历

S 女士是一家跨国企业的会计，在为一名遭受性骚扰的同事辩护作证后遭遇了冷暴力。施害者先是将其孤立，随后不认可其工作，还想方设法将其上司的错误归咎于她并质疑其人品。她好不容易忍气吞声了一年，却被公司以无法获得信任为由解雇了。虽然她经历的冷暴力随后得到了劳资调解委员会法庭的鉴定，其雇主也受到了应有的制裁，S 女士依然深受伤害：“我该怎样告诉孩子们，自己的诚信受到了质疑？”

这种痛苦经历可以逐渐改变一个人的性格。创伤会突出一个人的性格障碍及诸如强迫性重复之类的问题。一次创伤经历可能会让人变得敏感多疑，从而导致其形成偏执型人格。当一个人对他人的信任遭到嘲弄、辜负或摆布，变得多疑是自然不过的。根据我多年的临床经验发现，发生在国家机构中的冷暴力尤其容易让人逐渐形成偏执型人格，因为那里的工作流程冗长，极为形式化。同样还会目睹到其他精神病症，如突发的急性脑病综合症。

职场发生的暴力行为经常是个人过去经历的其他不幸事故的再现，并重新唤醒他们对过去所受伤害或羞辱的记忆，而他们本以为已经遗忘。冷暴力造成的创伤就像抽气泵一样，将过去所有给人带来耻辱的侵犯经历置于真空之中，永不腐坏。

6. 冷暴力和自杀

据海因茨·莱曼估算，在官方公布的自杀案件中，有1/15到1/6是由职场群攻引发的。但在下结论时依然需要谨慎，毕竟自杀是由诸多因素共同作用和影响的复杂行为。

虽然冷暴力极易引发自杀，但受害者自身的软肋和弱点同样应考虑在内。如何才能在他人的敌对行为或难以接受的工作环境与自杀行为之间建立起因果关系呢？

在大众传媒相继报道职场自杀事件后，法国国内似乎并未专门统计和研究自杀起因及其与工作之间可能存在的联系。正如当代社会学创始人埃米尔·杜尔凯姆[①] 在其所处的时代分析过的那样，法国经济和社会理事会曾表示："任何能够使社会关系，即工作关系、家庭关系、社团关系、社群关系破裂的因素，都会增加自杀死亡的风险。"[②]

众人普遍认为，自杀未遂和自杀丧生属于截然不同的两回事，不光结果不同，牵涉自杀者的特征也不同。但分析自杀念头可以帮助我们更好地理解整个过程。

安吉洛·索尔斯曾在魁北克地区针对精神暴力和产生自杀念头之间的联系进行了研究[③]。通过"贝克绝望量

① 埃米尔·杜尔凯姆（Mile Durkheim，1858年4月15日~1917年11月15日），法国犹太裔社会学家、人类学家，法国首位社会学教授，《社会学年鉴》创刊人。与卡尔·马克思及马克斯·韦伯并列为社会学的三大奠基人，主要著作有《自杀论》《社会分工论》等。

② M. 德布："自杀情况"，《法国政府公告和经济与社会理事会意见和报告》，1993年7月30日，第36页。

③ 安吉洛·索尔斯："当黑暗降临"，《职场群攻现象》，见前引书。

表”就可确认自杀念头出现的可能性与暴力的持续时间和发生频率有关，但又因暴力的源头不同而各不相同，如同事实施的暴力行为对个人造成的影响会小于上级领导或一个群体的施暴行为。该研究同样显示出了产生自杀念头和创伤后应激障碍之间的关联。

但我们需要再次提醒的是，产生自杀的念头并非暗示当事人就会付诸行动，且不应忽略因一时冲动而发生的自杀事件。

7. 社会影响

冷暴力事件的社会影响远比工作压力更为严重。比利时曾进行过一项调查研究，将饱受工作压力之苦的员工和冷暴力受害者进行了对比，发现后一个群体中经常出现无法正常工作的状况的人数是前一个群体的 2 倍（分别是 35.9% 和 17.5%），而且持续的时间也更久（分别平均为 11 个月和 6.9 个月）。同一项研究显示，有 3/4 的冷暴力受害者失去过工作岗位，要么是职位被调动，要么是被辞退或协商离职。

由玛丽·派泽在法国进行的一项类似调查[①]同样凸显了冷暴力对受害者的前途造成的惨重影响。在他们当中，有 60.6% 的人曾经长期病休，18.1% 曾遭降级，5.3% 曾以过失为由被辞退，3.2% 曾辞过职，1.1% 曾同意协商离职，1% 曾被取消合同。

---

① C. 勒卡斯帕、M. 格勒尼耶－派泽：“冷暴力患者群体临床研究：社会学定量研究方法”，国家科学研究学会：《职业医师档案》，2003 年第 3 季刊，第 95 期，第 307-331 页。

二、他们也很受伤

1. 对亲密关系的影响

冷暴力并非只对直接受害人造成影响，还会产生间接受害者。事实上，若某人在工作中遭到虐待，却依然咬紧牙关强迫自己坚持，就极有可能表现出神经兮兮、紧张易怒和令人不快的一面，这就不可避免地影响到自己的家庭生活。夫妻一方经常很难理解为何受害一方无法实现自我防护，或为何会被影响到这种程度。他们会逐渐厌倦对方长期的反复无常和情绪变化。

其中的困难就在于这是一种长期的慢性病症，使得身边亲密的人无法正确认识病因，可能导致他们会对受害的配偶或父母产生疑虑。我在工作中就发现，若男性受害者无法实现强有力的自我防护，就不会从配偶那里获得足够的支持。受害者这种状况使他们的配偶感觉受到了侮辱。

2. 对同事的影响

目击冷暴力发生的同事并非处于完全被动的位置或与此毫不相关，他们可以主动选择对事件采取什么态度，而他们的态度也会对事件进程产生关键性影响。他们的不赞同会阻碍施害者的行动，因为后者不想让自己与同事间的融洽为敌。但若同事均对此保持缄默或不支援受害者，就会对受害者造成额外伤害，因为这会加深其在自身所处环境中感受到的孤独和排斥。

但整个过程也有可能没有目击者，因为施害者为了不让他人察觉，施暴的技巧通常细致微妙，不会引人注目。同事可能会出于害怕而不敢干涉，担心自己如果出手相助会同样成为受害者或遭到报复，或者只是默默地对自己被动消极的性格感到羞耻。这都意味着他们同样受到了影响。除此以外，相关研究也确认并证实，他们同样也承受着相当大的精神压力[①]。

此外，同事还有可能会对状况发生误判，将事件发生的部分原因归咎于受害者自身，认为他们之所以成为受害者总是事出有因，绝非偶然。这些目击者通过责备受害者，就不自觉地排除了自己也有可能成为受害者的想法，从而实现自我保护。他们有时还会犯“应为公司无私贡献”这种基本错误，过高看重受害者的个人原因，从而忽视了公司一方存在的问题。他们可能会说：“发生这样的事，我一点都不惊讶，他／她一直很难相处（或很懒惰）！”

① 安吉洛 · 索尔斯：《当工作变得不堪》，魁北克大学蒙特利尔分校管理学院组织与人力资源管理系，2002 年。

三、企业在劫难逃

要估算冷暴力对企业造成的实际经济损失是很困难的，因为牵涉到的因素多种多样，且时至今日的大多数可依据的研究都是测算工作压力或整体衡量心理社会风险因素的影响，并没有专门针对冷暴力进行。然而现有的数据依然可以成为企业将预防措施落实到位的可靠依据。

对于企业来说，冷暴力会直接造成内部损失。这一损失与受害者的工作效率降低有关，因为受害者对自身判断失去信心，做决策时变得瞻前顾后；还与受害者偶尔的缺勤或意料中的离职有关。一项 1996 年在英国进行的研究[1] 发现，依

① H. 赫尔、K. 斯巴克斯、C. 库珀：《国际劳工组织报告：职场暴力和工作压力的经济成本与无暴力无压力工作环境的益处》，日内瓦，国际劳工组织，2001 年。

然遭受冷暴力的人的年均缺勤天数比不再遭受冷暴力的人多出 7 天。这一研究还估算出，遭受冷暴力却依然坚持工作的人的工作效率平均降低了 7%。

冷暴力还会造成工作环境恶化、雇员对企业丧失信任、暴力事件增多、小集团的形成及人员流动增多，从而产生间接损失。这些都会影响企业效益，如生产效率变低、产品和服务质量变差等。

一份欧洲议会的报告② 力图对冷暴力造成的损失统计出明确详细的数额。根据他们的估算，例如在英国，以工作日为单位，每年由工作压力大导致的病休天数达到了 4000 万天，且其中有 1/3 至 1/2 的情况可追溯至职场冷暴力。而欧洲一个员工缺席一天为雇主造成的损失为 100 至 400 欧元。这样，一个遭受冷暴力的员工一年给雇主造成的损失就会达到 1.75 万至 5 万欧元。根据估算，一个职位由于人员流动造成的损失，根据职位的高低不同，约在 0.75 万至 40 万欧元。

根据国际劳工局估算，在德国一家有数千名员工的企业，冷暴力造成的损失总额每年约为 15 万欧元。如此，就

② F. 罗霍、U. 希尔普：《职场冷暴力》，欧洲议会，社会事务系列大众研究方向，SOCI 108 FR, 2001 年。

德国经济整体来说，职场冷暴力造成的损失每年高达150亿至500亿欧元。

冷暴力同样还会产生外部损失，因为会对企业形象造成损害，还有可能引发各类诉讼案件。

看完以上这些数据资料，你可能会惊奇雇主为何不尽力采取措施来预防企业内部发生这类现象。由于社保机构的医疗保险和养老保险政策的倾斜，一个不健康的工作环境造成的直接和间接损失肯定会影响到整个社会，而这些社会成本都是由纳税人承担的。

第六章

谁放出了冷暴力这头怪兽

在北欧国家最初针对冷暴力的研究中，占据主流的主要有两种研究方法。根据各自擅长的研究领域，部分专家选择研究当事人的性格特征，其他人则致力于确定和该现象起因相关的心理社会风险。社会心理学家海因茨·莱曼和大多数北欧及德国的专家们很快就将冷暴力的起因归咎于组织因素，而英国的研究则将注意力集中于个体的性格特征之上。

法国在这方面的情况则和上述国家不同。继冷暴力这一概念迅速见诸于各大媒体并被公众熟知后，社会学家们就发表了诸多评论，对这一由被害者研究领域的医生们发明出的概念进行了批评。他们主要谴责涉足这一主题研究的都是在职场病研究方面毫无经验的医生。不过我们依然可以料想到的是，如果这一问题之前没有被专业的社会学家或各个工会提出，并未当做一个普遍的集体问题来看待，这一伤疤也只能以个体的形式被一一揭露。

除此以外，与更为理论的说法相比，这一研究角度也让相关职场人士更容易理解。冷暴力的概念将他们经历的情境用具体的语言描述了出来——他们曾经在这些情境中忍气吞声、默默忍受，也是在这些情境中产生自我意识，开始敢于开口、打破沉默、谈论自己的遭遇。正如阿兰·埃伦贝格叙述的那样："如果我们找不到合适的语言来表达，怎样才能描述自己的遭遇呢？只能东一句西一句吗？但精神病学家为我们提供了这样的精确语言，因为他们是负责研究精神病学领域的唯一一个医学专家群体。……这是我们优先获得的知识，观察个体间以及个体和社会的关系如何同时变化。"①

简而言之，如果没人质疑和否定冷暴力的起因源于企业的组织模式，也就同样无法否认个人因素在其中亦扮演了重要角色。还要承认一个事实，即现代管理制度也有偏差，不应该让个人承担全部责任。"在暴力行为

① 阿兰·埃伦贝格：《做自己的疲惫》，巴黎：奥迪勒·雅各布出版社，1998 年。

的背后，当然有制度（政治、经济、文化）的推动，但也有个人的力量。无论是被孤立还是被接纳，有了他们的存在，才能让这些制度发挥作用。”①

工作与个人生活之间的时间界限日渐模糊。在这种情况下，如何区分我们痛苦的源头是工作或社会变化，还是人的改变呢？冷暴力的形成是一个复杂的过程，起因并非一个特别的缘由，而是和诸多因素相关，有心理因素、社会因素，还有管理因素。这些因素之间相互作用、相互影响、相互加强。它们错综复杂，为了能叙述得更加清楚，我会在下文中一一介绍。

---

① G. 埃雷罗斯：《组织机构的寻常暴力》，图卢兹：艾海斯出版社，2012 年。

一、企业管理层的不作为

追溯冷暴力的源头时，我们发现了工作单位的组织环境的存在。在某些情况下，这个环境可以起到保护作用，但多数情况下却是风险和危机四伏。这一环境本身并非冷暴力的起因，却构成了冷暴力滋生的土壤。

即便各种组织因素交织在一起，我还是要将它们进行分类，一种是决定性因素（不幸的是在我们这个时代更为常见），会弱化个体，让他们变脆弱；另一种是管理风格，会袒护甚至教唆冷暴力，最终形成一种跳闸机制，在不稳定情形发生时自动断路，缩小事故范围，保证其他线路的安全运行。

1. 弱化个体的管理

我们在前文中谈论工作压力时，就已谈到当今职场已经发生变化，产生工作压力和精神痛苦的次数愈加频繁。在现代企业管理制度中，给人带来压力和痛苦的既不是量的压力（工作量过大，无法按期完成），也不是质的压力（工作方法的改变、只能草率完成工作的感受、道德感引发的痛苦等），而是这种质的压力给冷暴力的滋生提供了土壤，让个体变得脆弱。

在不少大型企业中（中小型企业的状况稍好），管理体制倡导的永远是无止境地提高工作效率，可以说到了残酷无情、不近人情的地步。

首先，时下的管理制度孤立了一大批不再以团队方式工作，而是根据项目需要跨部门工作的职员。他们不再有和他人面对面交流的时间，工作上的沟通全都通过工作日志或汇报工作的电子邮件完成。他们必须遵守系统化的工作流程，对他们的考核也通过极为复杂的各类表格来进行。但其中衡量工作表现的各种指标既不能衡量一些显而易见的工作成果，也不能反映实际的工作情况。因为一旦将衡量工作表现具体到个体身上，就忽视了集体中个体之间的关联。这些量化的指标再加上对工作质量的评价就变得主观得多，在考核员工表现时，自然会导致各种偏差。

就员工本身来说，在面对工作上的变动和工作环境时，已经形成一种缺乏判断力的自我意识。他们鲜有或完全没有机会了解自己的战略选择和身处的形势。实际上，做决策的权力越来越集中在领导手中，员工根本不可能提出批评或建设性的建议。

出于工作效率的考虑，工作进行了细分，员工就无法直接看到自己努力的成果。除此以外，由于时间紧迫、缺乏方法或资历，他们经常不得不草率地完成工作。若能圆满完成工作的话，还能享受到满足感，自己辛勤的付出有所回报，但现代管理制度通常都成功地掩盖了这种可以实现自我欣赏的途径。

但不会有人提起这些令人沮丧的挫败，因为各个组织为了保全公司形象或出于对暴力行为的担忧，都想方设法限制会引发冲突的表达，以在努力的目标和方向上达成共识。他们不给当事人留出任何自我表达的空间，将冲突扼杀在萌芽之中，或干脆寻找一种迅速的安抚方法，让安抚对象暂时产生错觉，却没有从根本上解决问题。为了达成目的，他们还会请一位或多位专家介入，请他们草拟一份报告，陈述些无可争辩的事实，而这些内容却和他们的业务领域毫不相关。没有人会对这样的状况进行“思考”，也不会将各个不同专家的意见联系起来。

如果员工们也能接受这样的模式安排，同样将自我投入其中，那么是制度本身将他们置于控制之下。公司通过一套洗脑般的说辞掌控他们，嘴上说鼓励员工自我成长、自我实现，共同分享价值观，却只字不提彼此间的矛盾、冲突和复杂关系。他们会在员工面前谈论个人主观能动性，却提前制定好了他们的工作目标；要求他们主动投入工作，却要以顺从领导为前提；员工很清楚自己随时可能被替换，朝夕之间就有可能被解雇；他们强调要团队合作，考核却会落实到个人头上；他们口口声声强调工作的“整体质量”，却因时刻考虑经济盈利状况而处处设限。通过这套自相矛盾的说辞，他们建立起了一道语言上的围墙，制造出一个假象，掩盖住他们对员工提出的实际要求——服从和听话[1]。他们通过长久施压，使员工产生负罪感，以坚持住努力的目标，并让他们产生“没有最好，只有更好”的错觉。员工就是这样将企业价值观深植内心当中，而风险就是忠心和团结的毁灭。

获得集体认可的需求使人变得越来越易受控制，且很多人都在原地等待工作出现转机，峰回路转，这是事实。有 30% 的法国人表示，认为自己的付出并未得到他人的认可，这一比例相对于欧洲的平均水准（22%）来说的确过高了。

2. 利于滋生冷暴力的管理制度

平日在火车站和机场，我们可以发现管理学的书籍随处可见，但和这些书宣称的理念相反的是，管理学不应该是一门合乎逻辑和理性的科学。在整个体系的运转中，你会发现诸多结构松散、负面消极之处，无论是就人员管理还是生产效率来说，都是如此。领导者的性格

① M. 马尔扎诺：《统治领域的扩张》，巴黎：格拉塞出版社，2008 年。

特征和防卫机制都直接影响了企业文化和管理风格。

A. 企业文化

企业文化指的是能够引导员工集体行为的非正式氛围，能通过企业的价值观、规章制度、行为准则等体现出来。企业的新人加入后，肯定会根据企业准则进行自我调整，也会熟悉和适应要融入新集体的行为标准。企业期望员工遵守的行为规范通常会通过新人的“入职培训”来介绍，随后还会在阶段性的“团队建设”中加以强化，期望他们迅速融入团队。这类交流活动都会在双方友好的气氛和地点进行，会鼓励新人放松自己，让他们开些含糊不明的玩笑或说些让人脸红的大话，远不会被他们认为是反常行为，确切点说是考验新人是否可受控制的尝试。

根据英国一家公职人员工会 UNISON 进行的调查，有 90% 的被调查者认为上级领导对冷暴力表现出的姑息纵容是冷暴力进一步发展的源头[①]。只有企业文化允许冷暴力发生时，冷暴力才会成为可能，而这种文化正是

① V. 迪马蒂诺、H. 赫尔、C. 库珀，见前引书。

由企业高层领导直接推动的。而在那些领导层对惩罚制裁冷暴力有强烈意愿的地方，冷暴力才不会滋生。但某些组织的企业文化使得不尊重和侵犯员工的行为屡屡发生，即便发生暴力行为也不会予以惩罚，这就意味着默许了它们的存在。

B. 管理风格

根据北欧国家的研究，似乎有两种管理模式有利于冷暴力的滋生——独断专行风格和放任自流风格。在此基础上，我会再补充一种不正当的管理模式，它建立于哄骗和控制员工的基础之上。

——独断专行的一言堂风格：在严格刻板的组织中，这种管理风格随处可见。在这种环境里，权威甚至专制的个人等级权力很容易达到顶峰。若管理是命令式的，仅仅集中在产品生产而不是人员管理上，也会出现这种情况。有时这种管理风格是有意的选择，因为手下要管理的团队过于松散自由。在这种情况下，冷暴力尤其会表现为自上而下的垂直下行形式。

——放任自流风格：这种风格会出现在管理不善、

组织松散、角色不明、职位描述不清或组织氛围不稳定的企业中。在这些地方，员工不会得到上级的肯定和认可，管理干部也没有任何实权，这就很容易滋生水平暴力，因为没有任何约束力量，贪图权力的个人会渴望扫除任何一个有可能在其前进道路上造成障碍的人。

——不正当管理风格：这是一种不会考虑个人、有悖常理的管理风格。这里的“不正当”指的不是个人行为，而是一种抽象的权力体制，会将员工视为可以剥削利用的资源。当他们还有可利用价值时，就把他们哄得很开心，不断赞美夸奖；当他们一旦失去竞争力，就会毫不犹豫地将他们辞退或抛弃。为了达此目的，他们会间接采取行动，通过不那么露骨的方式进行，例如在人力晋升时让一部分人的职位高于其他人，使双方对立，或对于侮辱他人的事件睁一只眼闭一只眼，促使员工的社会关系瓦解。

在以这种风格进行管理的地方，日常管理的严苛冷酷与官方温和的说辞及通常表面看起来无懈可击的行为准则完全相悖。

这种管理风格会庇护有攻击性或自大的小领导的垂

直下行冷暴力，他们可从整体病态的氛围中获益，以达到排除敌手或获取权力的目的。他们可能还会通过委派他人的形式，这就滋生了平行暴力。在这种情况下，被盯上的目标员工就成了上级领导的替罪羊，被他们指定为真正的受害者。而冷暴力行为就变成了一个安全阀门，可以以更小的代价和成本来疏散所有攻击倾向。

通常也是这样的企业，为了改善员工整体表现，同时躲避社会规划，会故意贯彻落实战略性冷暴力，以达到淘汰“最少贡献者”的目的。他们只需要给员工制定不切实际的工作目标，随后对其进行批评，在进行考核时断定其工作成果没有达标即可。

3. 冷暴力的跳闸断路装置

对于员工来说，他们身处的环境可以一直不稳定或不舒适，但只有出现了会让他们变得脆弱的变动时，才算发生了翻天覆地的改变。所有研究均表明，若这些变动是在没有进行合理有效的沟通和交流的情况下发生的，就会构成引发冷暴力的风险因素。

这种变动可能出现在私生活中（病休、怀孕等），也可能是职业生涯中（升职、进修等），但最为常见的还是和工作单位相关。在当今全球化的大环境中，为了保持自身的竞争力，企业会不停地进行人员裁减、结构重组或提高人员流动性，将员工置身于充满主观不确定性的环境之中，这些都会让他们感到焦虑不安，担心自己不能再胜任工作，害怕自己的工作不被认同，或者干脆丢掉饭碗。

这种变动同样还会让那些必须实施上述举措的领导层变得脆弱。由于担心员工的反应，很有可能会导致他们采取独断专行甚至不正当的管理措施。

这些变动则给一些具有病态人格的人制造了机会。他们能在这样的局势中从公司的放任和疏漏中获益，达到控制同事或下属的目的，以获取更多的权势。

二、社会之于你的压力

我们刚刚描述的现象并不仅仅发生在企业中，还蔓延到了整个社会范围内，尤其是加上新科技的发展，私生活和工作之间的界线越来越模糊。人们除了承受着直接来自工作的压力，还有一种要微妙得多的社会压力——社会提倡个人应当精神饱满、生活幸福、开心快乐、竞争力强。正如阿兰·埃伦贝格在其著作《做自己的疲惫》中很好地诠释的那样，社会价值观所倡导的经济竞争和追求权力，都促使现代人去征服自我个性，获取社会成功。而这个征服的过程伴随着精神痛苦和压力带来了担忧。现代人类当然已经变得更加自由，但也更加脆弱和孤独。

信息技术的发展和交流方式的多样化改变了我们的工作方式，同样也改变了我们，改变了我们日常生活中的交流方式。对于某些人来说，这还是导致他们孤独的因素之一，因为信息的爆炸式增长阻止了人们进行更为深刻和亲密的交流。科技的迅速发展迫使我们永不停息地去改变和适应，让自己置身于不确定之中，感觉一切都可以被迅速颠覆。我们几乎没有时间去思考、展望或规划自己未来的长远生活。

让人变脆弱的还有旧有保护体制的崩塌和集体机构调整能力的退化。过去基于员工的服从和明文规定的机制开始被员工逐渐增强的自主和自由意识所取代。每个人都应该为自我树立标杆，因为衡量个人的标准不再是强加的规则，而是个人的责任感和主动积极性。然而一些人因无法实现自我承担，更倾向于相信权威，得到他人的指引和保护，这也就解释了为何各行业的辅导和培训业务得到了蓬勃发展。

这样一来，个人自我主义被过分鼓吹为至高无上的价值观，在各个领域引发了人们的不安全感。而通过努力工作来实现自我价值，并通过事业成功来获得在外界无法获得的成就感，这样的想法就十分诱人。员工们希望工作单位会按照自己的设想来运转，并考虑到每个人的特点。然而，当单位的运营基础是已设定好的应用于所有人的统一方式和流程时，那要如何从众人中脱颖而出，又如何让自己的独特之处发挥价值呢？这样一来，就很有可能以牺牲他人为代价，让自己获得公众肯定。

在这个注重表象的世界，无论是在工作上还是感情生活中，为了在社会关系网中为自己打造一个理想形象，以吸引别人的目光，人人都要学会“自卖自夸”。在充满谎言的当代文明中，重要的不是事情的真相和本质，而是在别人眼中的样子。在工作中，只是埋头工作，取得好业绩已经不够了，还要学会展现自我，得到更多的赏识。你在领导眼中的印象要比你的工作量和工作效率更加重要。大家就这样树立起了一个适应当下环境的“虚假自我”，和内心的真实情感失去了联系，也就失去了百分百的真实。在这样的大环境中，为了顺利适应和存活，就会有很多人选择充满诱惑的捷径，通过见风使舵而不是踏实付出，通过弄虚作假而不是取得成果，以走得更远。

在我们这个以自我为中心的社会，人们的生活已远远称不上愉快或自由，反而滋生了诸多恐惧——害怕别人、害怕袭击、害怕疾病、害怕污染、害怕衰老、害怕达不到目标，尤其害怕无法适应社会，无法成为大多数人中的一员，过上标配的生活。这些恐惧让人注重自我保护，怀疑一切，这就造成他们与他人的关系紧张，有时甚至直接引发暴力行为。

三、个人因素不容忽视

如果针对冷暴力的研究没有纳入个人因素，就不能准确地理解冷暴力发生的过程，因为管理行为是由个人进行，也是落实在个人身上。在特定的职业背景中，分析施暴人和受害人都很重要，他们之间相互影响、相互作用。而且冷暴力与心理社会风险之间最显著的区别就在于个人因素。如此强调个人因素，并非意味着组织因素在冷暴力的实现过程中没有起到重要作用，而是说过于看重组织因素，就有可能忽视个人在其中起到的作用。我们不应当一面批评组织在管理中没有考虑到人性层面，一面又在分析体制运转不良的原因时却同样剥离了个人因素，即人为因素。

1. 个人变化

我们在前文中提到的社会变化同样也影响着一些人的心理健康和精神状态。他们也曾经历过被他人辜负、失望、希望破灭的状况，迫切需要找回自尊心。我们这个自恋的社会打造了自恋的个人，但矛盾之处在于，整体来说却很缺乏自我欣赏。曾被西格蒙德·弗洛伊德描述过的“神经官能症”已经成为一种性格病症，尤指自恋型人格障碍，即抑郁、身心不和、癖嗜，但也包括机能运转失常。如果我们实际上助长了此类病症的增多，那么正是因为此类人格十分适应当代社会。那么到底是社会的变化加强了我们每个人的自恋特性，还是新型的工作组织形式助长了自恋的盛行？毫无疑问，这涉及一个自我封闭且愈加牢固的体系。

自恋人群拥有一些共同特征。

首先，此类个体倾向于将自己视为个人作用和表现要不断优化的机器，以适应时代准则，因为只有最优秀的人才能脱颖而出。同样，为了不必经历经年累月的见习或学习就能变得更有竞争力，他们会寻求辅导人的引导，以挖掘自身潜力，肯定自身价值。

他们有极其自我的脆弱感和达不到目标或一定高度的恐惧，很难容忍和接受挫败及他人对自己观点的攻击，尤其是会被其视为对自身的控制和诽谤的行为。这会使他们在面对上级领导哪怕一丁点儿的批评时都会崩溃，或者将他人的行为错误地解读为带有攻击性。

在心理层面上，他们已经变得毫无知觉、麻木不堪，即长久处于情感空虚状态。他们不会对此进行深入反思，反而会通过寻求肉体刺激或享受，或对于一些或虚或实的事物依赖成瘾的行为来弥补和填充这种空虚。当他们面对不确定或挫败时，要有迅速的解决办法才行。

自恋人群在自我质疑方面也存在很大障碍。在发生冲突的情形中，他们更容易将困难归咎于别人，将自己视为受害者，而不是分析造成问题的原因是什么。他们无法区分痛苦和不公，表现为牢骚满腹、更加需要安全感，以及认为一个有争议的社会突然出现。由于这个群体缺乏自我判断的标准，所以会在此方面需要帮助。他们需要得到一个绝对事实才能安心，这就使他们更容易受到组织的控制和操纵，很容易就能说服他们全力投入到事业之中。

正如我们目睹的那样，当代人已经毫无争议地变得更加脆弱，管理层也不例外。一些人会去侵犯别人，是因为他们感觉自己处境危险，而另一些人则对于任何会被他视为对他个人的质疑的行为极为敏感。

因此，并非冷暴力这一概念将职场痛苦这一问题变成了心理问题和个人问题，而是职场和社会的革命性变化改变了个人。

2. 受害个人

分析发生冷暴力的情境以及寻找解决方案的难点在于，对于旁观者或目击者来说显而易见的外界事实并不是每一个当事人认可的心理事实。只有将他们的主观情绪加以过滤，分析实际情境才有意义。对于受害人来说，被其视为构成了侵犯的行为以及该行为对其造成的影响并非总是实际发生的情况。

当受害人讲述自己曾经或正在经历的暴力情形时，他们倾向于将自己描述为一个无辜的受害人，遭到了一个行为失常的人的攻击。通常来说，当冲突发生，人们在分析自身行为时，都会倾向于将积极的方面归因为自身的优点，而将消极的方面归咎于外界环境（如工作压力），但当人们分析他人行为时，却会出现完全相反的情形。这是可以理解的，因为在一个不合情理的状况中，将自己所受痛苦归咎于遭受迫害的话，会使得这种痛苦更容易承受一些。若自己只是偶然成为受害者，只是因为恰好在错误的时间出现，则会更加难以接受。

研究者曾尝试确认受害者是否会表现出某些性格障碍方面的共性，最终承认并未在他们身上发现任何共同特征，而是面对着一个由形形色色的个人组成的受害者群体。

事实变得不再简单。每一次冷暴力，每一个个人都处于一段历史和一个背景之中。在面对受到的虐待时，一些人出于自身的经历和性格，不太知道如何自我保护，遭受的痛苦会更大；而一些人的性格特征或某些特定情形会使其更容易成为潜在的受害者。但依然要注意不能混淆冷暴力的起源和影响。

这些不同的情形表现为：

——由于不能轻易解聘某些受到特殊保护的员工（如工会代表、怀孕女性），就将他们列为指定的施暴目标。一些领导会无所顾忌地承认自己的考虑：“如果一个工会代表工作不够好，除了刁难他，还能有什么办法解雇他？”此类情形同样也会发生在暂时遭遇了使自己处于不利地位的事件的人身上，如离婚或生病。在这种情况下，那些升迁困难的同事就会利用这一机会，以获取多一点的权力；而期望减轻人事负担的领导就会想方设法责难目标对象。

——个别研究显示，心理脆弱会增大成为冷暴力受害者的风险。我们可以提出几种假设加以解释。在当代社会，对自身缺乏信心毫无疑问是一个不利条件，会使个人更容易成为冷暴力事件潜在的目标对象。除此以外，一个焦虑不安、闷闷不乐或心神不宁的个人行为会在一个集体中激发防御性反应。伊丽莎白·塞涅曾指出，受害者会承认自己性格懦弱畏缩、缺乏自信，这都会对这一问题起到推波助澜的作用。通常来说，与他人相比，对自我评价不高的人会对他人的批评更为敏感，而施暴者会很有技巧地利用这一弱点加以攻击。例如，若一个人由于出色的工作成绩而得到他人肯定，领导只须否定其工作或阻挠其认真工作就够了，就能使其受到精神困扰。

——还有些情况下，一个人可能莫名其妙地成为冷暴力的目标对象，找不到任何合理的解释，这可能就是成了替罪羊的情况。有时候某个个人或群体对于另一个人的怒气不能表达和显露，便转而对看起来似乎偶然出现的受害者进行发泄。哲学家雷内·吉拉德对此的解释是，从原始社会起，选定受害人和替罪羊就是一种早期的固有行为。人们会为了发泄集体中各种各样的压力，打造出替罪羊犯错的错觉。这就是一种名副其实的安抚调解行为，借助指定一个可使整个集体与之对抗的个人，模拟出一种平和甚至和解的状态。通过系统分析，将其称之为“消极整合者”。这一替罪羊的角色是成为集体攻击的目标，让众人出出气，摆脱精神压力，从而使集体更好地运转。

——经常被视为判定冷暴力起源的一个标准是“非典型性”。在一个倾向于将个人行为进行统一和规范的社会中，个性非同寻常的人或有反常人格的人被同事或领导孤立的风险极大，因为他们会破坏集体的稳定。若负责人对他们不放心，担心他们过于自由，或负责人本身个性较强，就会发生上述情形，因为他们怀疑目标对象意识不到自身的不足之处。这样发生的冷暴力是要镇压目标对象，使其符合集体的模式和规范。

这里我们可以看出，冷暴力和歧视之间的界限并非那么清晰。我们甚至可以说所有的冷暴力都带有歧视性，因为针对的往往是某个人的不同之处或特点。根据2010年欧洲第五次职场状况调查，欧洲有6%的工作者、法国有10.5%的员工称曾在职场遭受歧视，这一比例与2005年相比出现轻微涨幅。发生频率最高的歧视现象通常与年龄（3%）和性别有关，正如我们之前已经了解的那样，冷暴力的受害者中也是以女性和年长者居多。

——一些研究人员可以确认的另一常量是有相当一部分受害者工作极为认真、十分投入，无法接受不符合规定的事物或调动，或是会揭发不符合职业道德的行为。在一个一切以快为上的时代，公司通常要求员工草草完成工作即可，这样自然会出现不配合的员工。就像我自

2002 年就一直说明的那样，那些拒绝被格式化、脾气很倔、不愿被套入一体化模式的人可能会被降职。

出于得到他人认可的自恋需求，这些员工会将领导的指示牢记在心，全身心投入工作之中。这样他们就有被嫉妒其工作能力或成绩的人盯上的风险。

下面我们继续说一说在讲解心理社会风险的章节提到过的 X 女士的故事。我们已经知道，这是位过度付出、精疲力尽、忍气吞声的女士，却一直在攀登事业高峰的道路上停滞不前。

X 女士的故事：第二幕

公司宣布合并后，X 女士之前所在部门的负责人离职，同样也改变了她在公司的职位，因为公司在其部门安插了另外一个人。她不愿选择领取裁员补偿，这就使得她不再处于领导岗位，降为了普通员工。

公司明确说明，此人被派遣过来的理由是他对数字和报告的兴趣。的确，他会计算各种百分比，试用各种指标，但当他不熟悉业务时，都是 X 女士对他尽力指导。

他一到岗，就将各种资源把握在自己手里，并未表现出熟悉和理解工作环境的意愿。他会因为不属于 X 女士负责的文件材料批评她，并命令她重新处理。X 女士感觉自己受到了欺骗："我一直在工作上尽心竭力，现在觉得自己被公司背叛抛弃。这都是我的错，是我自己不懂市场营销！"

如果我们就此打断 X 女士对工作情形的描述，你可能会说这与冷暴力并不相关，但不难看出这种情形很容易就演变到那一步。X 女士长期身心倦怠，她虽然很抗拒，但由于工作可以带来正向积极的回报而一直在坚持。但自从她和她的工作得不到认可，X 女士再也承受不住工作上的压力，尤其是在她认为并不合理的情况下。

这就有点像工作单位已经具备可以削弱个人的土壤，通过专制管理风格的公司文化将他们置于掌控之中，这样只需要抓住一次个人失误，就能成为冷暴力。

3. 错误的受害者

某一行为是否可定性为冷暴力的一个难点在于判断事实的主观性。所有自称遭遇过冷暴力的员工的经历都不是必然发生的。在使用时应该谨慎，不应过于轻率地责难相关人士，因为冷暴力已成为一个法律术语，如果误用，就有可能被谋求恶意中伤他人的人加以利用。某些人造成这种混乱状况并非出于恶意，因为他们的确在工作场所经历过痛苦遭遇，且无法让他人倾听自己的声音，但也另有他人想从这一概念变得广为人知中获得具体实在的益处或使他人丧失工作信誉。然而真正的受害者最易受到质疑和产生罪恶感，他们会遭遇那些通过迫害和欺凌的手段获得实在益处的人的挑衅。

在揭露自己遭遇了虐待的冷暴力的职员当中，会发现有些不够称职、意志力薄弱的人，在每当有人为了促使他们进步对他们批评斥责时，就感觉受到了迫害，还会发现有些人从这一概念的立法中发觉了机会，希望借此给领导一些颜色看看，因为其对自己的工作不满意。经常也是同样的人会为了获取实在的益处而装出一副受害者的样子。

更为常见的是，那些因咎解雇的员工在劳资纠纷调解委员会的人面前，会竭力寻求获得冷暴力的判定。他们诉讼成功的情况极为少见。

还会遇到的情形是心术不正的人会装作受害者，指责同事或上级领导，来掩盖自己的过失和不良行为或者作为所受惩罚进行的报复。被错误指责为施暴者的人会表现出和受害者同样的临床症状，尤其是自尊心受到了沉重的打击。

此外还不应忽视患有妄想症的人。他们会时不时地对着空气说胡话，从而为自己遭到迫害的妄想寻求到可靠支持。冷暴力问题的暴露就是源于向精神病专家咨询一类特殊的妄想症患者即敏感人群的情况。敏感人群是羞怯腼腆、容易激动的个体，也就是说对于他人的反应和生活中的刺激过于敏感，即容易感受到的人。这种反应性病症可以定性。早在 1927 年，德国精神病学专家恩斯特·克雷奇默就已经在其著作《妄想狂和敏感症》① 一书中，提到了形成敏感人群的妄想的工作冲突。

① 法国大学出版社，1963 年，出版法语译本。

4. 施害者

还有少数针对施害者的研究，大概是出于可能会诬陷施害者的考虑，其主要集中在分析行为源头的工作组织上，却没有考虑替代了这一过程的人为媒介。也应该说，研究者很难接近施害者，进入他们的内心，他们通常都会否认自己破坏性行为的严重性。从聘用了他们的公司方面来说也是如此，只要他们的行为并未对公司业绩造成太大影响，就会选择睁一只眼闭一只眼。

A. 他们是谁?

冷暴力极少是不怀好意的个人有意为之的行为，更多是因为对受害者缺乏尊重和关注，对他们漠不关心或没有想到自己的行为对他们会造成破坏性的影响。

大多数施害者要么意识不到自己的行为有问题，要么认为考虑到当时的情况，自己的行为是合情合理的。1994 年，斯塔尔·艾纳森在针对挪威七个工会联合会的 2200 名成员所作的调查中发现，被调查者中有 5% 的人承认，曾在自己认为受到了挑衅的情况下对公司的其他人施暴。

不管怎样，他们都低估了自己的行为所造成的影响。他们可能因为并非有意造成伤害，并未将自己视为施害者，甚至可能知道，根据法律规定，自己的行为若非有意为之，就不一定会被定性为冷暴力。

若能理解这些人对他人施暴的行为背后的动因，就能对其行为加以干预，以帮助他们改变自身行为，变得更加灵活温和。

B. 他们为何施暴？

——出于恐惧。这些经理人的暴力行为可能是他们自身从上级领导那里承受的压力甚至虐待的后果。正如我们之前已经说过的，当今时代的员工越来越多地生活在不安和恐惧中。这就使他们处于自我防护的状态，不再信任他人，产生攻击性，也就解释了他们为什么选择在被别人攻击前先攻击别人。

——感觉自己被削弱。对于那些不得人心的管理者，他们会因为有需要完成的多重任务而感到焦虑不安或觉得自己无法胜任，就会粗暴地对待自己的下属。

其他那些难以控制自己情绪的管理者，就会把自己的压力或沮丧转移到下属身上。但并不能据此认为，所有产生这种感觉的管理者都会成为施暴者，只有某些人会有这种行为。

——缺乏情商或社交技能。某些人会由于自身性格或所受教育的限制，不懂得沟通的技巧。他们从未习得可以维持关系的礼节，也不知道该如何尊重他人，考虑他们可能也会受到伤害，或是注意他们的反应。这是一种述情障碍[①]的症状，他们的人格特征使他们在典型的社会规则中防御自身情感被侵害的同时变得软弱无力。他们对于合作者十分冷漠，对于身边的人也漠不关心，但他们的工作效率很高，工作能力极强，会对某种诉求迅速做出反应，是出色的专业人士，但缺乏感受他人痛苦的能力。

——需要获得自我认同。社会学领域的研究者为了得知个人的自我认同过低或过高是否会导致他们对他人施暴，已经进行了长期的争论。一些人认为自我认同水

① 具体指的并非一种精神疾病，而是一种类似于人格特征的生理机能运转模式。述情障碍患者不能适当地表达情绪、缺少幻想，普遍存在于身心疾病、神经症和各种心理障碍的患者中。

平低的人在变得脆弱时会变得有攻击性。但其他人则认为自我认同水平高的人为了巩固自己的地位并减少阻止其实现目标的障碍，同样会对他人施暴。

在一项1998年进行的调查中，罗伊·F. 鲍迈斯特[①]发现，若一个人自我认同水平很高，但由于不稳定而容易动摇，且暂时出现或人为的自我膨胀，会倾向于通过攻击别人来实现自我防御。这就会再次出现我们之前提到过的自恋型人格特征。

这种自恋型脆弱能让他们产生不正当的防御行为。如在面对个人表现考核时，一些人会认为暗中破坏同事的工作会更有益于自己，会使自身的表现更加突出。

——出于羡慕或嫉妒。当前的管理层会以激励团队为借口，以防止内部拉帮结派为目的，将个人或团队置于互相竞争的状态之中，还会谈论他们之间的竞争。这就会引导员工想要减少任何可能对其造成威胁的人。

根据1998年在爱尔兰进行的一项研究，在研究进行的范围内，所有被询问的30名冷暴力受害者都将他们遭受的暴力归咎于施暴者难以相处的个性。约有一半

① 罗伊·F. 鲍迈斯特："自我"，D. T. 吉尔伯特、S. T. 菲斯克、G. 林赛版本《社会心理学手册》，纽约：麦格劳希尔，1998年，第680-740页。

人指出，冷暴力行为与施暴人新近的升职相关，而 2/3 的人认为嫉妒是该过程中很重要的一个动机。

——出于被动。集体文化愈是强大，不予遵守的感受愈是不舒服。某些个人出于压力或不安全感，在另一种情形下就不会实施冷暴力，转而麻痹自我的道德标准，服从于某一领导，即使后者是个不择手段的人。

自从斯坦利·米尔格拉姆因专门对屈服于权威的情况进行评估而出名之后，就已说明臣民为何卸除自我责任，出于自身考虑，遵守社会秩序并感觉自己受到了保护。他们盲目听从领导，服从所有命令，甚至最为荒谬的也不例外，从不自省自己行为的意义为何，满心希望只要安分守己，甚至一味附和，就可以指望他们保护自己。

法国国立工艺学院（CNAM）的职业心理学实验室主任克里斯托弗·德茹赫斯在其所著《法国职场痛苦》[1]一书中，探讨了公司职员如何接受职场中日益增多和持久的限制和束缚所带来的痛苦，如何接受和默许“痛苦普泛化”，而这是早在汉娜·阿伦特[2]分析集中营时提出的

① 克里斯托弗·德茹赫斯：《法国职场痛苦》，巴黎：瑟伊出版社，1998 年。

② 汉娜·阿伦特（Hannah Arendt，1906 年 10 月 14 日 ~1975 年 12 月 4 日），原籍德国，20 世纪最伟大、最具原创性的思想家、政治理论家之一。著有《极权主义的起源》。

概念。

荷兰的研究者曾假借一项工作压力研究，要求志愿者对通过了某大学某职位笔试的应聘者施加精神折磨。91% 的实验者都将受害者折磨到使其放弃。那些遵从了研究人员要求的实验对象并不认为自己真的有错，有些人甚至怪罪受害者："他们同意了，所以是他们的错！"

C. 病态人格

冷暴力还有可能是存在人格障碍的个人实施的行为，他们过于鲜明的性格特征会导致他人的痛苦。事实上，现代管理制度在选拔管理干部方面更为重视个性强势、自我极为膨胀、带有攻击性、务实、重视行动而非想法、为了胜利不惜付出一切代价的人。

有更多领导者的行为不会被视为专制和极权。这些人在领导员工的同时也斥责、嘲笑、羞辱他们，而且因为领导者手中掌握着权力，所以不会受到制裁。患性格障碍的中层领导会经常打压、欺辱比自己权力小的员工。真正的问题在于工作单位给他们重新调岗存在难度，尤其是他们位居负责人的岗位，而且当他们的攻击行为在令人焦虑的情形中并未显露出来的时候尤为如此。在这种情况下，他们的态度就容易和面对工作压力时的正常反应相混淆。根据美国心理学家劳拉·克劳肖[①]的研究，她曾负责辅导难以相处的人，并将这些人称为“粗暴型领导”，认为他们采取这种方式是因为他们将同事的不胜任视为对其自身能力的攻击和质疑。因此他们的攻击性首先要起到自我防御的作用。

其他一些典型的人格类型也会对同事及下属造成困扰，包括：

——强迫症患者。从词源上来说，“纠缠”和“骚扰”非常接近。纠缠是指“持续不断地接近某人，使其与他人隔绝”，扩展意义为“持续不断地重复一些概念或不断折磨”，即强迫症状。

强迫症患者极其需要掌控感。他们要进行安排、控制和支配。即便他们的行为毫无恶意，他们的刻板和专横也能激怒同事或下属。和其

① http://www.bosswhispering.com.

他人相比，强迫症患者更难接受组织变化和时间压力，更容易将自身缺乏适应性所产生的限制反射在同事身上。

——偏执狂。我们在讨论冷暴力的错误受害者时，曾经提到过这类个体，但为什么只是提出了受害者身上存在这一问题，而不考虑施害者身上也会有这一问题呢？的确，我们有时会发现一些被下属控告具有冷暴力行为的领导会展现出难以相处的个性，而如果精神病专家有机会了解他们，可能会将其定性为偏执狂，但通常不会发现抱怨的人口中所说的症状表现。

偏执型人格很难一下子就鉴定出来，因为他们懂得适应周围的人和物，建立自己的同盟，并表现出和指望他们的人的一致性。他们的狂妄自大使他们能在自己的权力地位上充分发展。那些自我感觉权力无限的个人就会专横地压迫下属及同事。如果有人踏入他们的地盘，例如进行组织结构调整或为其安排竞争对手，他们的行为就会变本加厉。

——道德行为不端者。有时在谈论专制手段时，我们会经常提到自恋型的反常施暴者。即便这些人的数量远远少于我们的想象，他们在曾经出现过的地方造成了很多伤害，因为他们懂得诱发出员工在精神层面的反常因素，然后引诱他们按照自己设定的轨道走。美国将这些人称为“轻度精神变态”或“诱惑性操纵性欺凌者”（SOB），从整个社会范围来看，其在掌权和领导地位上更为常见，因为他们具有竞争精神，热衷于抓住机遇和风险。他们的欺骗能力、不择手段和社会关系中的游刃有余都能保证他们迅速取得社会和物质成功。美国心理学家摩根·斯科特·派克将这种人格称为“有害人格”，因为他们为了保持病态自我的完整性，不惜加害于他人。

自恋型的病态人格都是表面看起来很正常，在社会生活和职业生涯中如鱼得水，但出于内在的空虚，需要利用他人来更好地实现自我提升，永远贪恋更多的权力，永不满足。为了达到这一目的，他们会瞄准别人身上自恋的弱点，利用其对自己的爱和信心进行攻击。这样的人很难暴露出来，因为即便他们违反了规定，触碰了道德底线，他们也懂得如何巧妙地让自己保持在惩戒的界限之外。

第七章

向冷暴力宣战

一、变革中的法律定义

在法国，随着我的第一本书《冷暴力——日常反常暴力》的出版，各大相关机构和协会开始意识到冷暴力已经成为一种犯罪行为。

1. 法律规定

2002年1月17日，相关法律条文出现在《劳动法典》（针对私营企业）、《刑法典》以及公共职能条例中，在“社会现代化”的部分出现。2003年1月，对其中有关举证责任和调解的内容进行了修改。

法律中对于冷暴力的定义起初有意不精准，正如我们接下来看到的，随后出现的判例使其一步步得到完善。

《刑法典》第 222-33-2 条

“以使工作环境恶化为目标或造成同等影响，持续不断地反复通过非正当手段对他人的权益和尊严造成伤害，影响了其生理或心理健康，或对其职业生涯带来伤害的冷暴力行为将处以两年监禁及 30000 欧元罚款。”

若施害者为雇佣劳动者，除上述惩罚外，还应受到纪律处分（若情节严重，可考虑解聘）。

《劳动法典》第 122-49 条

“任何职员都不应该忍受以使工作环境恶化为目标或造成同等影响，持续不断地反复通过非正当手段对他人的权益和尊严造成伤害，影响了其生理或心理健康，或对其职业生涯带来伤害的冷暴力行为。”

在法国《劳动法典》中，法律规定的基本

保障包括了心理健康，应用的是世界卫生组织对“健康”的定义，即“一种在生理、心理和社会方面都全面良好的状态，不仅仅是指没有病痛或残缺。”

法律同样规定了雇主一方应进行预防的责任，应该采取所有必要措施来预防冷暴力行为的出现。法律语境中也考虑到了调解，但从未在现实中实践过。

2. 欧洲情况

这一意识在法国被认知并在整个欧盟范围内产生了影响，引发反省和深思，从而促使一系列法律措施出台，加强了法律武装，以抗争冷暴力。

因此，2000 年出台的《反歧视准则》将冷暴力定义为歧视的一种表现形式，显然引发了一种国际范围的现象。后来，其他措施的出台伴随着法国法律条文的制定都使法律方面得以加强。2004 年 10 月 20 日，《关于职场压力的框架协议》得以签署。欧盟执委会强调了工作压力带来的社会和经济代价，根据是总部位于西班牙毕尔巴鄂的欧洲职业安全健康局的调查研究结果，其发现工作压力带来的影响平均每年要造成相当于数十亿欧元的损失。

2007 年 12 月 12 日颁布的《欧盟基本权利宪章》中明确规定“所有劳动者都应当拥有尊重其健康、安全及尊严的工作环境”。

2007 年 4 月 26 日颁布的《关于职场骚扰和暴力的框架协议》，强迫各企业明确宣布绝不容忍职场发生暴力和骚扰行为，还明确了问题发生后应该遵循的正确流程，确认制定、检查及监督恰当措施的责任在于雇主，且应与雇员和 / 或其代表进行协商。文件还明确规定，若某人在工作场合下，被以“重复且有意”的方式受到了“虐待、威胁或羞辱”，就已构成冷暴力。文中还表示，在各个层面和等级都实现“在工作场所与他人互相尊重彼此的尊严”，才是企业获得成功的秘诀之一。

3. 法国法律的变革

然而，自 2004 年以来，基层法官对于冷暴力的界定都有各自随意的解读和评判。到2008年，法国最高法院翻案法院发现对此已失去控制，于是重新明确了其定义，统一了他们的立场和见解。

部分判例对以下要点进行了确定：

——不良行为必须不止一次地反复发生。也就是说，单是一次将某人降职的行为不足以构成冷暴力。但也有例外，若属于歧视，发生一次就足以构成冷暴力的行为特征。

——《劳动法典》完全没有提及持续时间。虽然在现实中，通常会发现冷暴力持续时间较长（12至18个月），但也有可能出现在较短的一段时期内。2010年5月26日进行的一项判决就考虑到了持续几天的时间也可以构成冷暴力。

——使受害人的自尊受损并不是构成冷暴力的必要条件。

——健康状况的恶化是所有要素中的唯一关键要素。

——冷暴力的实施者可能是受害者的上级领导（垂直下行暴力）或同事（水平暴力）。实施者甚至可能是服务业从业者或外包商，即第三方（外界暴力）。然而，直至今日，尚未有明文规定其与从下至上的垂直上行暴力有关。

——员工若想向上级领导报复，也可能会以加害为目的实施冷暴力行为。这种情况会被视为从下至上的垂直上行冷暴力（2012 年 6 月的决议）。

——无论受害者做出具有攻击性还是侮辱性的行为，从该行为实际上是源于其在工作中经历的冷暴力时起，雇主不能对其进行惩罚。

——举证责任分配体系对于私企和国企的雇员来说都颇为有利。《劳动法典》要求，首先由雇员提供可证实冷暴力发生的合理证据，然后雇主必须“证明被控行为并不构成冷暴力，且行为的判定都可通过与冷暴力无关的客观证据加以证实”（最高法院社会法律司 2011 年 1 月 6 日决议）。

——遭遇同事冷暴力的雇员可向劳动法庭同时起诉雇主和该同事。

——揭露冷暴力行为的雇员不能因此受到惩罚，除非出于不正当意图撒谎，且造成这一情况的原因不能是揭露的行为无法得到证实。

——污蔑他人犯有冷暴力的员工可以诽谤性检举为由受到惩罚。

——雇主有责任惩罚对同事实施冷暴力的雇员。

——冷暴力和实施者的意图无关，可能并非出于实施者的本意，无造成伤害的目的。尽管如此，这只适用于民事法庭，刑事法庭的法官必须要调查是否存在故意伤害的意图。

而其他判例起到的作用仅仅是扩充了法律条文的内容。最初的判定主要制裁的是实施冷暴力的个人，而翻案法院一项引人瞩目的判决不再将个人而是管理模式置于质疑之中。2009 年 11 月 10 日，翻案法院社会司认为，冷暴力的特征可概括为“上级领导运用的管理方法针对某个雇员表现出使工作环境恶化为目标或造成同等影响，持续不断地反复通过非正当手段对他人的权益和尊严造成伤害，影响了其生理或心理健康，或对其职业生涯带来伤害的行为。”

这一判定终结了基层法官之间的争论。实际上有些法官认为，若可能会构成冷暴力的管理方法针对的是部门整体，则不存在冷暴力。翻案法庭为了进行判决，更倾向于不采纳这一标准，因为事实是原告作为一个个体，是管理方式的受害者。从那时起，这一决定数次得以确认，例如，2011 年 2 月 3 日，就提出“下达密集目标的管理方法和极其难以相处的工作环境表现为毫无理由地质疑（受害者的）工作方法，甚至恶语相向，至少两次当着其他同事的面对其说出侮辱性和诽谤性的言语，并导致其产生巨大的工作压力，不得不进行治疗和长期服药”。

工作单位、冷暴力和心理社会风险之间的联系得以明确。管理型冷暴力从此写入法国法律。当然，这一定义更为宽泛丰富的内容会使企业主和管理层领导感到不安。

2012 年 7 月 4 日，曾于 2005~2010 年在法国电信集团公司担任总裁的迪迪埃·隆巴尔以“冷暴力”罪名被送上法庭接受审判，其保释金额达10万欧元。劳动监察处指出，该集团以粗暴的管理方式管理，使员工变得精神脆弱，严重损害了他们的生理和心理健康。

该集团在法国丧失了电信行业龙头老大的地位后，为了应对竞争对手，大胆实施深入改革的方案，重新讨论了整个国有企业文化。但迪迪埃·隆巴尔执行的管理方式却十分粗暴，给公司职员造成了巨大压力，强迫他们要么适应，要么离职。在2006至2008年期间，公司通过实施三大改组计划，共撤销了22000个岗位，拒绝换岗的职工就会被降职。在这两年期间，共有35名员工自杀。而迪迪埃·隆巴尔却依然厚颜无耻地在媒体面前谈论“自杀的流行”。

即便有时公司会成为品行端正的员工控告的对象，领导人却有可能是第一次被员工直接指控有冷暴力行为，而该员工可能是其私下里从未碰过面的人。

对于冷暴力的这种宽泛应用就可能将其对等为几乎所有形式的职场精神痛苦，因此引发了大量质疑，大概就像桑德里娜·拉维奥莉特注意到的那样：“‘典型的’冷暴力和‘管理型’冷暴力应当……进行区分；后者源于一种有意为之的管理政治，对象是全体员工或某个部门，而非他们当中的某个人。这种‘新兴’形式的冷暴力似乎具备两个特征：一是‘管理’和等级特征，因为产生于一种特有的员工管理方式；二是集体特征，从而与个人冷暴力区别开来。”①

通过惩戒出现问题的工作单位，最高法院向领导层发出了一个强烈信号，重申了他们要确保员工生理和心理健康的责任以及实施预防措施的义务，也说明了他们应当创立可以了解企业内部动态的知情途径，不要等到事态发展到严重的地步再做出反应。法律上明文规定：“雇主对于雇员承担安全责任，应保护其在企业内部的健康和安全，尤其是在预防冷暴力方面，雇主一方即便不存在过失也不能免除责任。”在安全责任方面，判定过失的依据是“当雇主对雇员可能遭遇的危险具有或本应具有危险意识，而没有采取必要的措施进行预防，则犯有不可饶恕的错误。”

出于这一责任和义务，雇主应为雇员营造一个不仅没有压力且没有造成压力的风险的环境。即便只出现一

① 桑德里娜·拉维奥莉特：“暴力、骚扰和管理：如何从法律层面考虑心理社会风险？”，波尔多，2013 年。

例冷暴力事件，也能说明预防措施并没有到位。这一责任至少受到三方面的约束：

——社会保障方面的权力；

——工作方面的权力：

——刑事方面的权力。

二、职业病还是工伤事故

虽然在欧洲，人们开始承认工作环境会对员工的精神健康造成影响，但在鉴定精神疾病的职业特征方面的意见并不一致。根据欧洲公共利益团体 Eurogip 在 2013 年发布的一项报告，包括法国的十个地区在内，精神疾病很难被视为工伤事故，更不必说是职业病了[①]。的确，工伤事故和职业病制度起初主要集中在生理方面的风险，并未将更难划定界限的精神疾病纳入其中。

① 《欧洲职场是否认可精神疾病的诊断？》，Eurogip 报告，2013 年。

1. 职业病

除西班牙和瑞典外，在Eurogip的研究报告所覆盖的所有国家中，在职业病的鉴定方面都是一个复杂的混合体系，包括一个适用于全国的职业病清单，以及清单上没有列出的疾病的补充内容。

研究覆盖的国家中，只有一半国家允许将精神疾病列入职业病范畴。

丹麦是唯一一个将创伤后心理压力造成的精神疾病列入职业病清单的国家。

法国、比利时和意大利是在补充内容中规定精神疾病可被鉴定为职业病。

芬兰、德国和瑞士三个国家没有承认任何一种可被鉴定为职业病的心理疾病。

瑞典没有此类清单，且在经历了十年的案例审判后，才将心理疾病与职业联系起来。

在西班牙，若工作是引发疾病的唯一原因，没有列入职业病清单的心理疾病则自动被视为工伤事故。鉴定的标准在于，要证实心理疾病和工作环境之间存在决定性关系。预审的工作通常要托付给保险公司人员，他们可能要进行对立的调查。调查难度在于心理疾病的病因具有多重因素，而且发病往往具有延后性，与工作环境之间的因果关系总是很微妙。

一些国家已经针对此类疾病进行了定义，或明确了需要考虑的因素。意大利列出了危险情况的清单，包括行为的社会边缘化、安排能导致雇员丧失信誉的任务、工作量过大、禁止获取信息等。所有情形都与冷暴力类似。西班牙共统计了四种类型的病症，即情感性精神障碍、恐怖症及神经官能症、伴有机能减退的行为障碍和人格障碍。有两种综合征会复发——环境不适症（《疾病和有关健康问题的国际统计分类》第 10 次修订本）及创伤后应激心理障碍症。

在法国，精神疾病可根据《社会保障法典》的第 L. 461-1 条条款进行鉴定。某疾病表现出的严重性需要被证明等于或高于 25% 的永久性机能减退，且与工作存在直接和必要的关系，并得到职业病鉴定地区性委员会的明确鉴定。在法国，未被囊括进全国清单的精神疾病表现出了发病率的增长，从 2003 年的 8% 增长至 2011

年的 21%。

2. 工伤事故

若将精神疾病鉴定为职业病的情况仍属罕见，但只要与创伤有关，被鉴定为工伤事故的情况更为常见。

法国每年有 1 至 1.2 万例精神疾病会被鉴定为工伤事故，要远远高于德国（4900 例）、丹麦（730 例）和比利时（606 例）。

有好几个国家在一定条件下会将自杀或自杀未遂与工伤事故进行比较，通常是拜司法判定所赐。2010 年，在法国有 71 起自杀事件得到了医疗保险的赔偿，在 2011 年有 28 起，而意大利只有 1 起。

在法国，若自杀发生在工作时间和场合，会推定与工作责任相关。雇主要证明自杀原因完全和工作无关，但国有机构并不存在这一可归罪性。

三、向冷暴力宣战

自 20 世纪 90 年代起，对冷暴力的意识的觉醒几乎辐射到全世界各个角落。在北欧国家，这一意识源自社会心理学方面的研究和人力资源专家。在一些国家则源于一些医护人员个人的主动性。临床医生不断面对着病人被冷暴力影响的体质，暴露和揭发了这些问题。在这些国家，针对这些主题的研究起步也晚。同样，针对职场冷暴力的司法保护在各个国家之间的差别也很大，一些国家在保护举措方面没有任何明确规定，而其他国家则往往采取了复杂的途径。

在法国、比利时、加拿大魁北克、南澳大利亚州和瑞典，都有针对冷暴力的明确法律条令。而且我们可以看出，法国是第一个于2002年1月同时在《刑法》《劳动法》和《公共行政法》中制定了条文的国家。

而其他一些国家，如另外几个北欧国家（芬兰和丹麦），以及巴西和加拿大一些省份都制订了一些明确的保护措施。但在另一些国家，受冷暴力之害的员工只有有限的合法渠道进行申诉，个别的单独行为会被定性为一般轻罪，例如辱骂、诽谤、歧视或性骚扰。但可以定性为冷暴力的行为通常都十分微妙，针对受害人的法律保护的作用明显要小很多。

观察瑞典或日本的情况，我们可以了解每个国家在抗争冷暴力的过程中做出的选择是如何一步步实现的。

在瑞典，自20世纪30年代开始发展的“职业生涯”科学在各行业工会和联合会之间的讨论中占据了重要位置。自20世纪60年代起，此类研究开始大量增多，同时成立了职业医学研究所，在劳动关系研究院内部也成立了专门的研究部门。斯堪的纳维亚学院在这方面的研究成果使得可以直接应用的政策成为可能。1976年针对工作环境制定的法律在判定职业生涯质量的因素中融入了社会心理因素的考量。就这样，瑞典成为欧盟成员国中第一个针对职场冷暴力（或者根据官方说法，针对“职场迫害”）制定了法律措施的国家。根据这一法令，雇主应策划和组织“日常管控，以提早检测出不良征兆，并对不尽如人意的工作环境、工作组织结构或合作不足等任何有可能导致职场迫害的方面予以纠正。”遭受某种迫害的员工能很快得到帮助和支持。不遵守这些举措的行为应给予罚款或/和不超过一年的监禁刑罚。

在日本，精神暴力及性骚扰通常都被视为难以启齿的个人问题，若公开提及，会受到更多的谴责。而对社会心理问题的严重性的关注则源于十多年来职场发生的过劳死和自杀行为的增多。

2001年，在我写的有关冷暴力的著作出版之后，日本精神病学家安古冈田开始将这类问题统称为“职权骚扰”现象。她专门从事精神健康方面的工作，尤其关注女性歧视及受到滥用职权影响的问题。她专门开通了这方面的热线，并通过媒体普及相关知识。不久后，由志愿者和专家组成的旨在帮助日本遭受冷暴力的职员的协会成立，名为

“反职场精神暴力协会”[①]。除了开展研究及评估方面的工作外，他们还为职员提供相关信息，并通过电话为受害者提供建议和咨询。该协会认为“职权骚扰”这一称呼在判定方面过于受限，更倾向于使用“工作骚扰”或“职场霸凌”。2007 年 10 月，与精神病学家小觉石马共事已久的律师洋志宣布，“过劳死”作为一种冷暴力的商业受害者的自杀现象，被东京法院一审判决属于工伤事故。滋贺大学教授大和田坎于 2011 年提交了一项法律提案，建议对职场冷暴力现象进行定义。专家组为此专门聚集起来进行了讨论，最终确定的定义与法国的十分接近，但决定保留“职权暴力”这一说法，尽管它更为受限、严格和拘束。

在其他亚洲国家，对于心理社会风险并没有真正的敏感性。

2002 年 7 月 11 日，比利时受欧盟 2000/43 和 2000/78 号准则启发，颁布了相关的皇家法令，反对职场精神暴力和性骚扰。其中对于冷暴力的定义为：“无论来源于企业或机构的内部或外部，都以对某一员工或另一个人的人格、尊严或生理或心理的完整性带来伤害

① http://www.morahara.org/.

为目的或产生了同等影响，从而将其职位置于危险境地或创造出了一个有威胁性、敌意、使人丧失尊严、侮辱人或冒犯人的工作环境，符合目前法令描述的虐待性和重复性行为，尤其表现为单方面的态度、言语、威胁、行为、动作和书面内容。”

2004 年，加拿大魁北克地区投票产生了北美洲地区第一条和职场精神暴力相关的法律：“为了适用现行法律，将‘精神暴力’的定义明确为：通过带有敌意或不被人接受的重复性态度、言语、行为或动作，给某一员工的尊严或生理或心理完整性带来伤害，从而产生一种对其有害的工作环境的一种令人不快的行为。单次严重行为若为员工带来了同样的伤害或产生有害影响，也可构成精神暴力。”

在加拿大其他省份，如萨斯喀彻温省（2007 年）和安大略省（2010 年），则对与职场健康和安全相关的法律补充了精神暴力方面的条文[①]。

魁北克地区的法律中纳入了职场规范的内容，是唯一一项考虑了精神暴力受害者个人的求助渠道的法律，能够使他们获得经济赔偿。雇主有义务采取预防精神暴

① 凯瑟琳·利珀：《加拿大职场健康和安全领域的研究职位》，渥太华大学法学院。

力发生的措施，并在发现这种行为时及时制止。法庭可命令雇主采取相关措施以制止暴力行为，恢复雇员职务或修改其企业规定。法律条文中规定了所有职员的权利，以营造一个没有精神暴力的职场环境。这些法律条文合法地纳入到了魁北克地区所有集体劳资协议中，无论职员是否加入工会，保护措施对于他们以及管理人员都同样适用。除此以外，若职员患上与冷暴力相关的精神疾病，其病症可能会被认定为职业病，但在这种情况下，该职员就没有额外获得赔偿的权利，除非法律针对工伤事故和职业病规定了金钱赔偿。

依照凯瑟琳·利珀的看法，魁北克地区对精神暴力的定义过于复杂，使得冷暴力行为的认证变得困难，这样大部分控诉最终都在庭外解决。

2010 年 6 月 22 日，西班牙在其《刑法典》中加入了将职场冷暴力判定为轻罪的内容："在私营企业或公共行政部门工作，利用自身身份或级别优势，针对某人不断采取敌对或侮辱性手段，实施了严重暴力行为的个人会受到惩罚。"但被刑法接受的这一定义却没有出现在劳工法中。

在爱尔兰，则有与冷暴力预防和处理相关的最佳实践法规。

英国并没有制裁冷暴力的明确法律条文。

在德国，冷暴力还不是一个法律概念，也没有帮助职员对抗雇主的法律。但根据德国法律，若受到同事或上级有体系、有步骤的攻击、欺辱或歧视，则可获得法律鉴定。若雇主在有雇员遭遇同事冷暴力时没有加以制止，从而违背了保护和帮助雇员的义务，则对抗雇主的行为也是可以实现的。但如果牵涉到要求雇主进行损害索赔时，雇员则有责任证明雇主违反了法律，并对其造成了实际的伤害。

在挪威和丹麦，制定了和心理社会风险相关的公共政策，甚至还有精神健康领域的专业监督员，但遭受冷暴力的个人发现当实际情况涉及冷暴力时，法律的效力往往极其低下。

在澳大利亚，每个州都有各自的法律。一个澳大利亚州有刑事方面的法律，但几乎没有民事法律。澳大利亚联邦政府刚刚开始考虑执行民法。

在美国，在加里和露丝·纳米博士以及他们创办的“职场暴力研究协会”的影响下，对于冷暴力行为的严重性的意识开始觉醒，有 16 个州提出了相关法案。但实际上只有歧视和性骚扰行为会受到法律的制裁。

在拉丁美洲，哥伦比亚、智利和巴西的一些州的劳动法中有明确的条文规定。其他国家都对各自的劳动法进行了相应修改。在墨西哥人佛罗伦西亚•佩纳的发起下，社会医学研究员创办了一个十分活跃的网络——“红色的伊比利亚美洲”（Red-iberoamericana）[①]，聚集了职场健康、职场医学、精神病学、职场监督等领域的所有专家。

巴西一些省份的法律已到位。职场医师马加里达•巴雷托是第一个对冷暴力感兴趣的人，并撰写了题目为《职场凌辱现象》[②] 的论文。她成功地动员了工会和职场健康领域的专家们行动起来。

综上所述，我们可以发现，在遍布世界的各个角落，人们对于冷暴力这一现实问题的意识逐渐觉醒，并继续不断发展变化。选择立法的国家为数众多，但有效的预防措施落实到位的却很少见。

---

① asediogrupal@yahoogrupos.com.mx.

② 马加里达 · 巴雷托：“暴力、健康与工作”，《人力资源杂志》，巴西圣保罗：里约天主教大学出版社，2003。

第八章

把精神虐待赶出你的生活

在法国，针对职场冷暴力的法律可以促使雇主考虑自身的重大责任，然而无法确保所有管理者都能意识到这些法律规定的影响。很多人都满足于制订一些措施，更喜欢谈论预防工作压力太大，对他们来说似乎没有投入其中。还有人喜欢行动，但也处于不利地位，面临着诸多困难：该遵循什么样的流程？运用什么样的方法？在面对需要经过主观判断才能理解的诸多难题时，很多人都很泄气，而且审查这种暴力事件会在各自的企业中引发很多人自我防御的反应。毕竟法国有85%的员工是在小型企业工作，那里的预防措施很难落实到位。

根据马拉科夫·梅代里克于2005年进行的一项调查显示，即便绝大多数人力资源部主管认为职场幸福感是会影响到企业生产效率的重要因素，但有一半以上表示并没有落实具体的措施来预防不幸境况的发生。他们认为主要原因在于缺乏评估手段（63%）、对于解决方法认识不充分（45%）以及内部缺乏专家（46%）。

我们已经知道，在追溯冷暴力的起源时，可以发现组织结构方面的原因，但也存在与社会和人员变化有关的心理因素。预防措施若想有效，应当适用于各个不同的级别。但在法国，若存在大量针对工作环境的集体措施的资料，也很少会考虑针对个人责任的落实和教育的措施。人们容易将其与仅能限制心理社会风险的消极影响的预防措施混淆。雇主的责任与雇员的责任并不冲突，法律也赋予后者以责任和义务来关注自身和同事的健康。如果人们希望能预防冷暴力，就应当从个人角度关注这一问题，而不仅仅是考虑集体层面，通过落实个人的责任，将其重新归为道德领域的问题。

一、领导者要负起责任

在组织结构层面，冷暴力的预防只能是集体措施，主要关注心理社会风险的预防。若雇主希望避免无谓的劳资调解委员会的争论，就应当将事后赔偿逻辑转换为预防风险的企业文化。他们应当尽可能进行干预，在内部解决争端，通过发现机构的运转不良问题而提前预防。

我不会继续在预防措施上长篇大论，在从属于劳动部[①]的许多网站上都有大量可以轻松获取的丰富信息。因此，解决方法不能仅仅依赖于外部，把解锁钥匙交到专家手里，以便随后人为地丢弃，而是应当和所有参与者

① http://www.travailler-mieux.gouv.fr.

共同思考和讨论。许多提倡和主张即便十分公平，依然过于理论或脱离实际。它们不应仅仅是出于司法保护的考虑而加入的补充性条款。

在进行全面预防之前，应先衡量一下风险。自从2001年11月5日的法令颁布后，雇主们制定了《风险预防专属文献》。他们要核实企业内部是否存在可能引发冷暴力的环境风险或已经表现出了冷暴力的情况。这基本上等同于一个预先诊断的阶段，可以由企业内部或安全、卫生及工作条件监督委员会或社会合作方指派的一个或多个人员实现。

希望能将预防计划落实到位的组织可以分三个阶段行动：初级（预防风险）、二级（预防危害）和三级（控制危害）。

1. 初级预防

初级介入直接对准职场烦恼的根源，以将其尽量减少甚至消灭殆尽。

这就代表要分析组织结构和工作环境，重视缺勤率、换岗情况、人际冲突的频率和员工的不满。同样还应该鉴别组织运转不良的状况并改善管理举措。

为了达此目的，可利用分析心理社会风险的工具，或求助于国家职业探索与安全研究所①，后者是一个专门应对职业风险的机构，由代表雇主利益的董事长代表和雇员工会组成的董事会进行联合管理，双方代表人数均等。

2. 二级预防

二级预防措施不会改变工作环境，只是有针对性地解决问题产生的后果，以尽可能地控制后续的消极影响。它们的主要作用在于使员工了解冷暴力及心理社会风险并对其变得敏感，帮助他们丰富心理资源，以更好地应对工作压力。这种预防也存在局限性，若企业满足于帮助职工更好地适应工作，而不会质疑工作组织也不会质疑管理方式，那么这些措施的效果只是作用于局部而非整体，而且只是短期内起了明显效果。

① http://www.inrs.fr.

为了取得这一阶段的成果，企业会经常求助于咨询师，请他们提供各种服务——讲解冷暴力的会议、有关压力管理、时间管理、冲突解决的研讨会、适应变化的论坛、瑜伽或放松活动等。他们还会为身处痛苦之中的员工设立一些用于倾听的单人小室或提供“心理理疗券”，可在企业付酬的心理医生那里免费获得四或五次的心理咨询。这样通过将预防措施外化，对于领导层来说，极有可能会推卸自我责任。

3. 三级预防

这一级预防更多的是处理紧急情况和治疗，而非预防，主要是负责为已在工作中出现精神健康问题的员工提供医疗、心理及社会角度的帮助并防止其健康状况进一步恶化。当然，了解该员工为何发展到这种程度也很重要，但也应该引起更宽泛的思考。

二、当事人要保持警惕

每当说起个人预防，通常想到的都是如何引导员工更好地适应工作压力大的环境的二级预防，却忘了教导个人要为自己的行为负责。心理社会风险预防肯定是处于集体层面，但冷暴力带来的影响却停留在个人层面。

1. 受害者

在职场冷暴力中，和任何暴力场景一样，越是拖延反抗，就越难脱身。面对暴力时不做出反抗的行为通常会被施暴者视为受害者以及周围人对暴力行为的默许。

因此最重要的一点是，从感觉自己遭遇到不尊重或不公平的行为的那一刻开始，就应该尝试通过对话解除和平息危险状况，并尽量澄清实际情况，要求行为的实施者改变自己的态度。如果只是一个简单的失误，当事人定会加以考虑。当然也不应该一上来就给其扣上冷暴力的帽子，因为自从社会现代化方面的法律颁布以来，这一说法就等同于罪名指控。

若受害者没有进行反抗，要么出于个人原因，要么因为侵犯行为非常暴力和羞辱，或者整个过程已经发展到极其严重的地步。如果可以实现并能寻求到职场医生的支持，受害者首先应当从企业内部上级领导或人力资源部门那里寻求帮助，也可以联系职工代表或职场监督部门，将事件提交到安全、卫生及工作条件监督委员会进行审查，诉诸于该领域的诉讼程序。

我们已经发现，冷暴力的受害者会受到严重的精神影响，从而无法进行很好的自我保护，因此应当从外界寻求精神病医生或心理医生的帮助。同时，还可以听从帮助受害者的协会、律师或职场监督员的建议，诉诸法律手段。需要提醒的是，在法国有四十多个“痛苦与工作”

咨询处，通常都设立于职业与环境医学服务部门的内部，可为身处痛苦的人提供咨询和陪伴。

另外一个有效方法是尽可能详细全面地记录下所遭受欺辱的方式和细节（日期、时间、有无目击者等）并搜集证据。

2. 施暴者

不要忘记施暴者。我们已经发现施暴者中绝大多数并不存在人格障碍问题，最为常见的是自身变得脆弱或缺乏社会技能。由于他们意识不到自己的行为会带来的问题，也应当对他们进行管理监督、引导教育，并告诉他们怎样尊重他人，必要时对他们的过失予以惩罚。即便他们按此方法行动依然很难产生自我感受，也要告诉他们什么行为无法令人接受。

这样做的重点不是让他们产生负罪感，而是促使他们思考，反省自身的行为。这是对他们设定限制时应遵循的方向。

3. 目击者

谈到目击者，要么是同事，要么是领导，重点是要让他们了解到，若保持沉默，自己也负有部分责任。

冷暴力和寻常冲突不同，没有任何行为可以命名。因此重要的是要迅速辨别出孤立某个个人的过程，警惕貌似微不足道却逐渐频繁的不良行径，终止受害人憋在心里的难言之隐，重新展开对话，对旨在团结和激励团队的设想发表意见。这是管理者的任务，因为正是他们可以选择采用粗鲁或是尊重的口吻说话。我们应当促使其关心同事的幸福，考虑到他们可能也会脆弱并宽容地对待他们的自恋。他们应该学习的是，与其只是指出每个团队成员消极的特点，不如学会依靠他们积极的特征。但要达此目的，他们应当一以贯之，因为他们在行使级别职权时同样也要保持警惕，以防由于自己运用了不当的管理方法，甚至是暴力行为而受到法律制裁。

三、管理者要未雨绸缪

人们可能认为，在一个雇员满意且其幸福感得到关注的工作环境中，冷暴力的风险指数最低，然而实现起来并没有那么简单。若雇主在预防冷暴力方面的投入不够，问题并非在于他们对这件事漠不关心，更为常见的是他们不知道该如何行动。其他一些人则表示拒绝，担心在处理内部存在的这类问题时，表露出自身的无能而有损形象。一些人则担心有时表现出强势，可能引发诉讼程序而受到制裁，因此，他们不敢持有一个明确且勇敢的立场。其他领导者则认为这是法律事务，从未考虑重新审视自己的做法。

有很多报告都阐述了管理层应该着手进行的工作和改善管理层工作的措施，以更好地预防员工的不幸状况出现。2010年2月，亨利·拉赫曼、克里斯蒂安·拉罗斯和穆里尔·派尼考德联名向总理提交了题为《职场幸福与效率》的报告[①]，其中汇集了所有的倡议和主张。该报告主张重新考虑和审查管理模式、组织模式和企业内部的社会生活模式，将企业的社会和经济业绩纳入其中。根据作者的说法，是“评估企业业绩应当纳入人性化因素和职工健康状况”。

报告中列出了十种改善职场心理健康状况的建议，我只针对其中几种作出评论：

——支持基层领导。企业的干部团队是预防战略中的关键因素。他们可以直接接触人际间的问题（紧张压力、解约解聘、经常缺勤）以及和工作相关的具体情况。他们是可以为企业提出工作建议的人群。

最新的一项研究显示，只有出现管理缺失，尤其是一线领导的不稳定，或者缺乏针对工作的集体讨论时，

① 亨利·拉赫曼、克里斯蒂安·拉罗斯和穆里尔·派尼考德：《职场幸福与效率——十种改善职场心理健康状况的建议》，2010年2月，http://lesrapports,ladocumentationfrancaise.fr/ BRP/104000081/0000.pdf.

工作压力才会变得反常。因此应当支持一线领导，为他们提供合法权益和行动余地，以推动企业组织内部的交流和沟通。“一线管理者不应当仅仅充当传送带的作用，应该拥有适当的余地，有权做出提高自己团队工作效率和凝聚力的决定。”①

受过高等教育的年轻人在接受的教育中并没有做好领导团队的准备，尤其是要学会倾听、商谈和认可。在报告中提出的建议里，提到了一些大型学校进行的优质教育，“那里培养管理精英，却不讨论下属。”

——设置谈话室。这种用于解决沟通困难的空间正在增多，可以缓解人际间的紧张局面。重要的是让员工感受到自己对于和自身相关的决定有发言权。每个人所在层级的声音都应当被听到。不应该因为那些无足轻重的抱怨已经司空见惯、见怪不怪就可以忽略。一个组织只有在员工赞同上级针对自身行使的权力时，才能真正实现高效能。拉赫曼的报告同样提出，应警惕诸如互联网之类的新型通信技术的发展，其已经严重影响了面对面的直接沟通和对话。“职场中的谈话室使员工在某种

① 《有关职场健康的组织和管理方面的决定性因素——沟通工作的重要性》，2009年。

程度上可以对工作中遇到的问题摆脱精神包袱，因为他不必再独自面对这一问题了。”

——重新赋予工作以意义。若员工连工作的意义都没能坚持，只是改善工作环境是不够的。员工都希望从自己所从事的工作中自我实现。因此，他们需要从自己的付出中得到回报，也希望了解自己的工作如何融入企业战略之中。考虑员工的见解并采用更好的态度对待和他们相关的人物和工作也是很有必要的。“每个员工都希望自己有所贡献和体现价值，正是他们赋予了自己的工作以意义和自豪／自尊。通常他们都是最佳位置，可辨认出机构运转问题并为改善效能提出建议。”

——变化。我们能看出员工在面对变化时的焦虑，以及会让他们失去多大的稳定性。重要的是要考虑到企业内部组织重组给员工带来的影响（适应时间、工作分配的变动、习得新型技能和调任时间可能会出现的延长）。

——不要否认人际问题的存在。我们知道，员工们考虑最多的，无论是积极的还是消极的，都是人际关系。拉赫曼报告建议“员工与直接上级产生问题时，可向高于自己 2 个级别的上级领导或人力资源部的直接负责人求助，并使得这种可能性系统化，以应对难以解决的人际关系带来的压力。”

但是，不应该单单只是指望良好的意愿和领导层面的道德说教就能解决问题。经济制裁和财政措施也要让所有掌权者知情。拉赫曼报告的作者们建议“考虑重视领导者的酬劳中的社会指标考核。”需要提醒的是，冷暴力不单单只对受害者的健康状况产生了毁灭性影响，也会因为缺勤和换岗而损害公司业绩，增加工作成本。

后　记

冷暴力问题变得日益重要，且几乎波及了世界各个角落，已经成为一个不争的事实。这不仅体现了职场发生的深刻变革，也是社会和个人的重大转变。围绕这些问题进行立法，界定问题的界限，标志着我们的社会不会接受这些过分的不良行径。除此之外，也应严肃提醒雇主落实预防措施的责任和义务。一些机构已经考虑和重视广义的心理社会风险，尤其是冷暴力问题，其实也为自己提供了一个新机会。提倡和促进围绕工作问题进行交流对于个人的健康状况也会产生积极的影响，对于组织的生产效率也是如此。

冷暴力不单单只是和个人相关的主观病症，也是一种向整个社会的道德规范提出质疑和挑战的社会综合征，促使人们分析当下发生的文化变革。在一个社会中，个人身上已经发生的改变已经无法挽回，但管理层应该高度重视起来。如果我们希望职场状况往更加良好的状态发展，首先要从人性的层面以及人人可能脆弱的角度考虑个人和下属。每个人都不是片面的，都是一个全面的整体，在任何情况、条件和状况下，都应该如此对待。

著作权登记图字：01-2017-5985
Le harcèlement moral au travail by Marie-France HIRIGOYEN
(<< Que sais-je ? >> series, no 3995, 2014)

图书在版编目（CIP）数据

职场冷暴力 /（法）玛丽 – 弗朗斯·伊里戈扬著；陈嘉宁译 . -- 北京：新星出版社，2018.1
ISBN 978-7-5133-2837-1

Ⅰ . ①职… Ⅱ . ①玛… ②陈… Ⅲ . ①家庭问题 – 研究 Ⅳ . ① C913.11

中国版本图书馆 CIP 数据核字 (2017) 第 219205 号

职场冷暴力
[法] 玛丽 – 弗朗斯·伊里戈扬 著
陈嘉宁 译

责任编辑　汪　欣
策　　划　好读文化
设计装帧　仙　境
责任印制　史广宜

出　　版　新星出版社　www.newstarpress.com
出 版 人　谢　刚
社　　址　北京市西城区车公庄大街丙 3 号楼　邮编　100044
　　　　　电话（010）88310888　传真（010）65270449
发　　行　新经典发行有限公司
　　　　　电话（010）68423599

印　　刷　北京中科印刷有限公司
开　　本　880 毫米 ×1230 毫米　1/32
印　　张　6
字　　数　84 千字
版　　次　2018 年 1 月第 1 版
印　　次　2018 年 1 月第 1 次印刷
书　　号　ISBN　978-7-5133-2837-1
定　　价　39.80 元